教师职业技能训练数字化精品教程
编委会

主　　编　周险峰

副主编　夏永庚　吴新宁

编　　委　（按姓氏拼音排序）

　　　　　　胡石其　金身佳　刘金旺　吕爱晶　王　超

　　　　　　吴新宁　夏永庚　颜红菊　周险峰　邹慧明

执行编委　吴新宁

教师职业技能训练数字化精品教程

TEACHER

湖南科技大学2021年度立项规划教材

英语课程与教学概论

Curriculum and Instruction of Teaching English as a Foreign Language

主　编：吕爱晶　贺学耘

副主编：李慧君　尹　彬　周　炜　罗　晓

编　者：（按姓氏拼音排序）

　　　　胡剑波　姜筱筠　旷　战

　　　　罗　京　毛建武　文　凤

华中科技大学出版社
http://www.hustp.com
中国·武汉

内 容 简 介

本课程教材的编写紧扣英语课程与教学的基本问题和基本方法,引入英语课程与教学的创新转化与发展成果,解决英语课程与教学中的实际问题。

教材内容包含绪论、英语课程论、英语教学论、英语教师论四个部分,对相应章节的理论进行了较全面的论述和总结,并配以具体的教学实践案例,内容通俗易懂,富有启发性。本教材在课程论、教学论、教师论多个章节的编制过程中结合新时代的新要求,体现英语课程和教学的创新理念,有助于增强新时代教师和学生的生存力、竞争力、发展力和持续力。本教材重视学生学习过程中的参与感与获得感,旨在为学校英语专业认证和师范专业的特色发展提供保障,既可以作为高等院校师范英语专业和学科教学(英语)学生的英语教材,也可作为本科英语师范生、学科英语教育方向研究生、中小学英语教师的继续教育教材,以及英语教师职业技能培训的教材。

图书在版编目(CIP)数据

英语课程与教学概论/吕爱晶,贺学耘主编.—武汉:华中科技大学出版社,2022.7(2023.8重印)
ISBN 978-7-5680-8428-4

Ⅰ.①英… Ⅱ.①吕… ②贺… Ⅲ.①英语-教学研究 Ⅳ.①H319.3

中国版本图书馆 CIP 数据核字(2022)第 102284 号

英语课程与教学概论

吕爱晶　贺学耘　主编

Yingyu Kecheng yu Jiaoxue Gailun

策划编辑:	周晓方　杨　玲
责任编辑:	刘　凯
封面设计:	原色设计
责任校对:	张汇娟
责任监印:	周治超
出版发行:	华中科技大学出版社(中国·武汉)　　电话:(027)81321913
	武汉市东湖新技术开发区华工科技园　　邮编:430223
录　　排:	华中科技大学惠友文印中心
印　　刷:	武汉市籍缘印刷厂
开　　本:	787mm×1092mm　1/16
印　　张:	9　插页:2
字　　数:	241 千字
版　　次:	2023 年 8 月第 1 版第 2 次印刷
定　　价:	49.90 元

本书若有印装质量问题,请向出版社营销中心调换
全国免费服务热线:400-6679-118　竭诚为您服务
版权所有　侵权必究

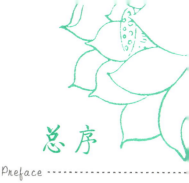

总序

教师素养的"变"与"不变"

教师职业是一种专门职业,教师是专业人员,担负着教书育人的重任。古人云,"建国君民,教学为先",说的是教育教学之于社会的基础性价值。从根本而言,教育教学之所以有基础性价值,是因为教育教学是培养人才的活动。而人才培养活动主要由教师承担。因此,古今中外,教育教学活动的承担者——教师及其素养养成问题都受到了高度重视。正如有人指出的,教师素养是教师的职业道德、教学理念、专业知识、管理能力、科研能力及内在修养的总和。教师素养直接影响我国所培养人才的质量,更影响着国家的前途和命运。

教师素养问题实际上是什么样的人能成为教师的问题。但在相当长的历史时期,这方面是没有明确的标准的,只是到了近现代,特别是当代,与教师教育相关的准则及规范日益增多,且在不同程度上标准有所提高,足见当代对教师素养的重视。

那么,教师需要哪些素养呢?

教师活动直接面对的对象是人,尤其是成长中的人。促进人的成长,首要的恐怕是价值导引问题,所以占教师素养第一位的始终是道德素养,也就是师德师风。而教师的职业道德素养与其他社会从业者最核心的区别应该是文化传承,即如何将已有文化转化到新一代人身上,使之内化为新一代人适应或引领社会的一种素质。这就必然有教育理论引导和技能运用的问题,也就有了近现代以来的教育理论素养的养成教育及专业知识系统的学习,即教师教育。概而言之,学高为师、身正为范,培养教师素养主要着眼于这两点。

不过,时代不同,教师"身正"甚至"学高"的内涵或标准都发生了很大变化,需要我们重新审视,重新设计。这里略而不论。

当然,以上是从教师教育的根本意义上讲的。教师的实际职业活动比较直接,这就决定了我们在设计教师职业素养发展框架时应该考虑教师职业活动的直接性或现实性。

比如,教师职业活动主要靠言传身教,这决定了教师素养养成设计中必然不可缺少语言表达的技能训练。教师的语言表达不同于其他职业表达,有其独特的语言能力或技巧的要求,因此我们编写了《教师语言技能训练教程》。虽然技术时代多媒体能够丰富或部分取代教师的语言表达,但如何培养教师的"职业性"表达依然是教师教育不可不研究的领域,也是

I

教师教育应该大力培养的一种重要的教师素养。

再比如,除了口头语言、身体语言的表达外,教师的表达还有一个重要的形式,那就是书写图文,即教师的书写表达。教师的书写表达往往因其对象的特殊性而有不同的要求,这是个很值得研究的领域。另外,教师的书写表达也是教师素养的外显,有独特的审美要求。我想,尽管信息媒体技术在很大程度上取代了教师的手写性图文表达,但教师的手写性表达,依然是教师素养不可或缺的部分,所以我们组织编写了《教师书写技能训练教程》以训练教师的手写表达艺术。当然,多媒体技术对教学活动的影响日益增强,如何更好地利用多媒体进行教学,成为当前教师信息化素养研究的重要话题,为此,我们还编写了《中小学教育技术教程》,以培养教师这方面的素养。

众所周知,我国中小学基本实行的是分科教学。可以这样说,教师都是基于"专业知识"来教书育人的。这决定了我们在设计教师的素养框架时不得不关注我国教育中这一独特的现象,那就是如何基于学科知识进行课程教学。所以,学科教学素养仍是当前要特别注意的问题。也正因为如此,我们还就语文、数学、外语三科的教学进行了探讨。

当然,身处变革时代,教师教育素养该如何界定,其构成要素几何,需要进行长久而系统的不懈探讨。就我们有限的理解而言,以上是教师教育变革中的"变"与"不变"的问题,实际上也是教师素养的"变"与"不变"的问题。目前我们设计的这套丛书,只能说是一种抛砖引玉式的尝试,倘能有益于当前教师教育之点滴,也算"吾愿足矣"!

湖南科技大学教师发展研究中心主任
教育科学研究院常务副院长、教授

2021 年 5 月

前言

Preface

  "教师职业技能训练数字化精品教程"中的《英语课程与教学概论》是"湖南科技大学校级规划教材",一本为高等院校师范英语专业和学科教学(英语)的学生编写的英语教学法教材,也可作为中小学英语教师的继续教育和英语教师职业技能培训的教材。《英语课程与教学概论》是探讨学校课程与教学问题的教育学分支学科,是教师教育课程体系中一门不可或缺的专业课程。全书包含绪论、英语课程论、英语教学论、英语教师论四个部分。绪论阐述了什么是英语课程与教学论、它的基本任务、学习英语课程与教学论的意义与方法。英语课程论包含四节:英语课程目标与标准、英语课程内容、英语课程资源、英语课程评价。英语教学论也包含四节:英语教学理念、英语教学方法与手段、英语教学设计与实践、英语教学评价。英语教师论包含三节:英语教师素养、英语教育科研、英语教师专业化。本书对英语课程论、英语教学论、英语教师论进行了较全面的论述和总结,并配以相应的教学实践案例,内容通俗易懂,富有启发性。本着认真负责的编写态度,编者在充分研读前期相关研究成果的基础上,结合中国社会现阶段的文化情境、基本国情及当前外语教育教学的具体实践,精心编写了此书,以响应新时期中国整体外语教育教学改革和师生发展新阶段的教学需求,推动英语教育改革和发展。

编 者
2022 年 6 月

目录

Contents

绪论 001
 第一节 英语课程与教学论概述 001
  一、课程与教学论 002
  二、英语课程与教学论的任务 007
 第二节 学习英语课程与教学论的意义与方法 012
  一、学习英语课程与教学论的意义 012
  二、学习英语课程与教学论的方法 013

第一章 英语课程论 017
 第一节 英语课程目标与标准 017
  一、义务教育阶段英语课程目标与标准 017
  二、高中教育阶段英语课程目标与标准 017
  三、高中英语课程的基本目标 019
  四、英语课程目标的关注要点 021
 第二节 英语课程内容 024
  一、主题语境 024
  二、语篇类型 026
  三、语言知识 028
  四、文化知识 033

　　　　五、语言技能　　　　　　　　　　　　034
　　　　六、学习策略　　　　　　　　　　　　034
　　第三节　英语课程资源　　　　　　　　　　035
　　　　一、英语课程资源的内涵　　　　　　　036
　　　　二、英语课程资源分类　　　　　　　　036
　　　　三、英语课程资源的开发与利用　　　　037
　　第四节　英语课程评价　　　　　　　　　　042
　　　　一、英语课程评价的概念　　　　　　　043
　　　　二、英语课程评价的内容　　　　　　　043
　　　　三、英语课程评价的功能　　　　　　　044
　　　　四、英语课程评价的原则　　　　　　　046
　　　　五、英语课程评价的类型　　　　　　　046
　　　　六、英语课程评价的模式　　　　　　　050
　　　　七、英语课程评价的基本操作步骤　　　052

第二章　英语教学论　　　　　　　　　　　　　054
　　第一节　英语教学理念　　　　　　　　　　054
　　　　一、语法翻译法　　　　　　　　　　　054
　　　　二、听说法　　　　　　　　　　　　　055
　　　　三、交际语言教学法　　　　　　　　　055
　　　　四、任务型教学法　　　　　　　　　　056
　　　　五、新课程标准下的教学理念　　　　　057
　　第二节　英语教学方法与手段　　　　　　　067
　　　　一、英语教学方法　　　　　　　　　　068
　　　　二、英语教学手段　　　　　　　　　　074
　　第三节　英语教学设计与实践　　　　　　　075
　　　　一、教学设计概述　　　　　　　　　　076
　　　　二、教学目标　　　　　　　　　　　　078
　　　　三、教学重点与难点　　　　　　　　　080
　　　　四、教学情境的创设　　　　　　　　　081
　　　　五、教学过程的安排　　　　　　　　　084

目录

第四节　英语教学评价　093
一、教学评价的含义　093
二、教学评价的功能　093
三、课程评价的基本理念与评价取向　094
四、评价方法的选择和使用　095

第三章　英语教师论　099
第一节　英语教师素养　099
一、教师素养提出的背景　099
二、教师素养的重要性　101
三、教师素养的内涵及研究范式的变更　102
四、教师素养的构成　105
五、英语教师素养的构成　107

第二节　英语教育科研　110
一、教学研究的重要性　111
二、英语教学研究方法　112
三、英语教研论文写作　114

第三节　英语教师专业化　117
一、从教师职业化到专业化教师　118
二、发展中的英语教师专业化　120
三、英语教师专业化发展之必要性与意义　124
四、新文科与未来教育：英语教师专业化发展路径　125
五、教师专业化发展的前景与挑战　128

参考文献　130

绪论

第一节 英语课程与教学论概述

"百年大计,教育为本",教育是人类延续、文化传承的根本途径。"教育是民族振兴、社会进步的基石,是提高国民素质、促进人的全面发展的根本途径。"[①]一个民族只有依靠教育才能世代相传;失去了教育,这个民族也就不复存在。纵观我国几千年的历史,教育兴则国家强,要实现民族振兴,必先兴办教育,提高国民素质。当今社会,科学技术是第一生产力,人力资源是最重要的资源。知识经济的到来凸显了人才和科技创新的重要性。当前国际竞争日益激烈,谁能够站在知识的最高点,谁能够掌握最先进的科学技术、培养最优秀的人才,谁就能在竞争中获胜。英语作为世界通用语言,在不同国家、地区及人们的交流与沟通中都发挥着重要的作用。社会的信息化和政治经济文化的全球化,使英语学科的重要性日益凸显。承载知识创新和人才培养的教育已经从社会的边缘走向社会发展的中心。崛起的信息化和数字化教育对传统教育产生了变革性的影响,对当前的教育提出了新的发展和改革要求,英语课程对国际变化与改革前沿的天然敏感性,使其产生了由内而外的发展和革新需求。

英语课程与教学论是按照英语教育专业培养的要求,对"课程论"和"教学论"两个相对独立又内在关联的学科分支进行必要整合的产物。英语课程与教学论关注学校教育中与英语课程和教学相关的一系列理论和实践问题,探讨英语课程内容和课程计划,研究如何实现英语课程的教学目的,以及怎样开展英语教学活动。英语课程与教学论为英语教育教学活动提供基本依据,为英语教育管理与评价提供客观标准,为英语教育目标的实现提供基本保证。英语课程与教学论解读英语新课标,充分诠释《国家中长期教育改革和发展规划纲要

---

① 顾明远,石中英.国家中长期教育改革和发展规划纲要(2010—2020年)解读[M].北京:北京师范大学出版社,2011.

(2010—2020年)》的基本思想,紧密结合以往英语课程改革的经验和英语教师培训发展的要求,借鉴英语课程与教学的最新研究成果,立足当前,放眼长远,力图准确地把握英语学科教育的发展脉搏,促进我国英语教育的改革和发展。

目前我国英语教育正处在21世纪的急剧变革时期,从顶层制度设计到具体培养方案都有赖于英语教育的改革和发展,以及对英语教育的长期深入了解和研究。英语课程与教学论关注的是英语课程与教学和英语教学改革与发展,深刻揭示英语教育发展的规律,对实践具有"指挥棒"的作用。英语教育应力求站在教育理论的前沿,贴近先进的教学实践,以求真务实的态度反映最新的教育发展理念,体现社会发展的迫切需求。科技在发展,时代在进步,掌握一定的英语知识是社会进步对人才提出的要求。通过促进英语教育发展,推进人才建设,提高当代人才储备的国际化素养是社会进步和实现人的全面发展的理想路径。

一、课程与教学论

(一)课程与教学

"课程"一词在我国始见于唐代。唐代孔颖达为《诗经·小雅·巧言》中"奕奕寝庙,君子作之"一句作疏,"维护课程,必君子监之,乃依法制"。"课程"一词在这里的意思为"寝庙",用来比喻"伟业"。南宋朱熹在《朱子全书·论学》中多次提及"课程",如"宽着期限,紧着课程""小立课程,大作工夫"等。[①] 这里的"课程"是指功课及其进程,这与现在很多人对课程的理解较为相似。在西方,较早使用"课程"这一术语的是17世纪捷克著名教育家夸美纽斯(J. A. Comenius)。夸美纽斯从"泛智论"出发,要求"把知识教给一切人",开设包括语言、自然科学和社会科学在内的百科全书式课程。英语中的"课程"(curriculum)一词是从拉丁语"currere"一词派生出来的,原意为"跑马道",指赛马场上的跑道,引申为教育上的术语,意味着学习者的路线、学习的进程(course of study),简称学程。[②] 在英语国家,英国实证主义哲学家斯宾塞(H. Spencer)在著名的《什么知识最有价值》一文中最早使用"课程"一词。斯宾塞与夸美纽斯都把"课程"理解为知识或学科,课程这一概念之后被西方教育者普遍采用。[③]

1973年,鲁尔(Rule)发现,有关"课程"的定义已经多达119个。这些定义大致可分为以下几种。

1. 课程即教学科目

该观点把课程等同于教师所教和学生所学的科目。将课程看作学校课程表上科目的总和,是普遍存在的一种认识。《中国大百科全书·教育》将课程定义为"所有学科的总和",从这一意义上讲,我国古代的"六艺"、欧洲中世纪的"七艺"都是历史上重要的课程。[④]

---

① 王本陆. 课程与教学论[M]. 3版. 北京:高等教育出版社,2017:24.
② 章兼中. 英语课程与教学论[M]. 福州:福建教育出版社,2016:1.
③ 章兼中. 英语课程与教学论[M]. 福州:福建教育出版社,2016:1.
④ 章兼中. 英语课程与教学论[M]. 福州:福建教育出版社,2016:2.

2. 课程即目标或结果

该观点将课程看作教学过程要达到的目标、教学的预期结果或教学的预先计划。持这种观点者重视教育的计划性,认为课程目标是一系列教学活动的核心,课程事先应确定一套有结构、有序列的学习目标,然后围绕目标选择和组织教学活动,开展教学并进行评价。博比特(F. Bobbitt)、泰勒(R. W. Tyler)、加涅(R. M. Gagne)等著名学者都持这种观点。[1]

3. 课程即计划

这种观点把课程看作教育计划或教学计划,计划中包括了教育教学目标、内容、活动和评价等。钟启泉在《现代课程论》一书中提道:"课程是旨在遵照教育目的,指导学生的学习活动,由学校有计划、有组织地编制的教育内容。从学校的教育计划这个侧面出发,也可以归纳成这样一个定义:旨在保障青少年的健全发展,由学校所实施的,施加教育影响的计划。"[2]

4. 课程即学习者的经验或体验

这种观点将课程看作学习者在教师指导下所获得的全部经验或体验,以及学生自我获得的经验或体验。经验是学生在对所从事的学习活动的思考中形成的,是学生真正体验到的意义。与前面几种观点不同的是,这种观点将学生的直接经验置于课程的中心位置,重视其兴趣、爱好、需求和个性,消除了课程中"见物不见人"的倾向,重视学生与周围环境的互动,重视教学环境的设计与组织。它兼顾了课程的过程与结果、预期的和非预期的经验。美国著名教育家杜威(J. Dewey)是课程经验或体验观念的主要倡导者。[3]

"教学"在我国出现的时间要早于"课程",但最初没有"教学"一词。"教学"作为一种活动,贯穿于人类社会的产生和发展过程中,早在原始社会就已经存在了。不过原始社会的教学仅融于日常生活之中,与生活本身是一回事,并非作为一种独立的形态存在。"教学"二字连用最早是在《尚书·说命下》:"惟敩学半"。[4] 据宋代蔡沈的注释:"敩,教也……始之自学,学也;终之,教人,亦学也。"其词义指教师先学后教,在教的过程中存在"学"的单向活动。教学包含"教与学"双向活动的含义始于《学记》提出的"教学相长"。《学记》指出,"学然后知不足,教然后知困,知不足,然后能自反也,知困,然后能自强也。故曰:教学相长也"。真正将"教学"理解为教师的"教"和学生的"学",最早是在宋代欧阳修为胡瑗先生所作的墓表中,"先生之徒最盛。其在湖州之学,弟子来去常数百人,各以其经转相传授。其教学之法最备"。这里,"教学之法"中的"教学"与今天的"教学"含义相近。在英文中,一般用 teaching 和 instruction 这两个意义相近的词表示"教",其基本含义是教给人知识、教人做事,而用 learning 表示"学"。teaching 和 instruction 两个词在绝大多数情况下可以相互替换,但在具体的使用过程中,前者多与教师的行为相联系,作为一种活动,而后者则多与教学的情境有关,作为一种活动的过程。[5]

---

[1] 章兼中. 英语课程与教学论[M]. 福州:福建教育出版社,2016:2.
[2] 钟启泉. 现代课程论[M]. 上海:上海教育出版社,1989:177.
[3] 章兼中. 英语课程与教学论[M]. 福州:福建教育出版社,2016:3.
[4] 章兼中. 英语课程与教学论[M]. 福州:福建教育出版社,2016:4.
[5] 章兼中. 英语课程与教学论[M]. 福州:福建教育出版社,2016:4.

从不同角度理解"教学"的定义,会获得不同的认识。

1. 教学即教授

在我国教育话语中,人们习惯于从教师或教育者的角度理解教学概念,把"教学"理解为"教"。近代班级授课制的出现是导致对教学含义的理解由最初的"学"转向"教"的重要原因。①

2. 教学即学生的学

有学者从学生"学"的角度界定教学,认为教学就是学生在教师指导下,在掌握知识过程中发展能力的活动。

3. 教学即教师的教与学生的学

这一理解认为教学是教师教和学生学的活动。教师与学生以课程内容为中介,为了达到一定目的而共同参与一项活动。教学既包括教,也包括学,教师的教与学生的学是同一过程的两个方面,彼此不可分割。教学的根本目的是促进学生的发展。这种观点是对单一的"教"和"学"的观点的超越。

4. 教学即教师教学生学

有学者侧重从教师指导学生"学"的角度界定教学,认为教学是教的人指导学的人学习的活动。这一定义强调教学是教会学生学习的过程,重视学生学习的能力、方法等,强调教学中教与学的关系是教师"教学生学",不是并列的"教师教和学生学"。②

目前对于教学的本质的认识包括以下几种。

其一,教学是有明确目的的活动。教学活动的根本目的在于使学生获得知识、技能和身心等多方面的发展。

其二,教学是教师教和学生学的统一活动。不管从哪个角度认识教学,都不能否认,教学过程中"教"与"学"总是相互联系、彼此制约的,教师的教和学生的学是同一过程的两个方面,两者互相依赖,不可分割。教学是教与学的统一,不是教与学的简单相加,而是两者辩证的统一。③

其三,教学的本质是意义建构。教学作为人类的一种重要的社会活动,其本质是人与人的交往,这种交往既体现了一般人际关系和语言交际的特点,又具有教育的独特内涵。

教学活动旨在促进学生的发展,实现该目的的过程其实就是学生建构新知识的意义及对原有经验进行改造和重组的过程。教学活动和课程内容只有与学生已有的知识和经验相联系,才能实现真正的教学。④

(二) 英语课程与教学的关系

国内外对英语课程与教学关系的观点主要有以下几种。

---

① 章兼中. 英语课程与教学论[M]. 福州:福建教育出版社,2016:5.
② 章兼中. 英语课程与教学论[M]. 福州:福建教育出版社,2016:5.
③ 章兼中. 英语课程与教学论[M]. 福州:福建教育出版社,2016:6.
④ 章兼中. 英语课程与教学论[M]. 福州:福建教育出版社,2016:6.

1. 教学包含课程

这种观点认为,课程是教学内容,是教学的组成部分之一,课程理论是教学理论的一部分。苏联学者持这种观点,在苏联的教育学中,课程论被置于教学论中,内容也仅仅是介绍政府颁布的有关课程文件,如"教学计划""教学大纲""教科书"。这既是一种教学包含课程的大教学观,也是一种教学论包含课程论的大教学论。中华人民共和国成立后,中国全面学习苏联的教育科学,因而不论是教育教学实践,还是理论研究都深受苏联教育学模式的影响,我国20世纪80年代和90年代初的教学论著作,大部分都把课程论看作教学论的一部分。

2. 课程与教学二元分离

这种观点认为课程和教学相对独立,互不交叉。这种观点把课程看作在教学过程之前、教学情境之外,由上级预先规定的目标、内容与计划,是制度化的文本;教学是忠实地执行课程计划、传授教学内容的方法、手段与过程。课程具有法规性,一般不可随意更改,教学则是由教师和学生操作的,被动地执行课程内容的过程。①

3. 课程包含教学

这种观点认为教学是课程的一部分,对教学的研究应该是课程理论的重要组成部分。这是一种大课程观,大课程观从20世纪中期以来广泛盛行于欧美。欧美学者认为课程是一项完整的系统工程,由前期研究、课程设计、课程开发、课程实施及课程评价等几个阶段组成,其中的课程实施即教学,而且真正的"课程"只有在与教学紧密相连的学习活动中才能看到。因此,教学是课程系统的一个部分或一个环节。大课程观还认为,课程的属性和类型是多方面的,包含了学科课程与活动课程、显在课程与隐蔽课程,也包含了课堂教学与课外教学、模仿教学与陶冶教学,教师也是课程研制者。我国新一轮基础教育课程改革在一定程度上也体现出"大课程论"的倾向。教育部2001年6月印发的《基础教育课程改革纲要(试行)》,共九部分,其中三个部分(第一部分"课程改革的目标"、第八部分"教师的培养和培训"、第九部分"课程改革的组织与实施")是这次课程改革的工作要求,在其他六个部分,即"课程结构""课程标准""教学过程""教材开发与管理""课程评价"和"课程管理"中,"教学过程"作为"课程的实施过程",教学被包含在课程之中。②《基础教育课程改革纲要(试行)》不是严格意义上的"课程论",但反映了撰写者的课程论思想。

4. 目的-手段说

这种观点从目的和手段的角度入手,提出课程是学校的意图,教学则是达到教育目的的手段,它们侧重于教育的不同方面。课程是为有目的的学习而设计的内容,教学则是达到教育目的的手段。与此相对应的是,课程理论主要探讨教育的目标和内容,教学理论则关注达到这些目标的手段。许多关于课程与教学的隐喻也是从这样一个角度来谈的,如:课程是一幢建筑的设计图纸,教学则是具体的施工过程;课程是一首乐谱,教学则是对这首乐谱的演奏。③

---

① 章兼中. 英语课程与教学论[M]. 福州:福建教育出版社,2016:7.
② 章兼中. 英语课程与教学论[M]. 福州:福建教育出版社,2016:8.
③ 章兼中. 英语课程与教学论[M]. 福州:福建教育出版社,2016:8.

5. 课程与教学整合观

课程与教学整合观认为课程与教学具有内在的连续性和整体性，是不可分割的。这种观点的主要代表人物是美国教育家杜威。杜威在《民主主义与教育》等著作中批判了传统教育中课程以学科为中心、远离儿童，以及课程与教学分离等问题，深刻地揭示了问题的根源，提出了认识的"连续性"原则，主张以"经验"为基础将儿童与学科统一起来，将课程与教学整合为一体。杜威认为，完善的经验是物我两忘的，真正的教育是心理与逻辑、方法与教材、教学与课程之间的水乳交融、相互作用、动态统一。①

国内对英语课程与教学关系的认识较为普遍的是二元分离说，而且这种分离既体现在英语课程与教学的研究上，也体现在英语课程与教学的实践中。这与我国的课程管理体制密切相关。第八次基础教育课程改革前，我国实行的是国家管理课程的体制，英语教学计划、教学大纲的研制完全由教育行政部门及学科专家负责，由国家统一组织规划、实施。在这种情况下，"课程"只是政府和学科专家关注的事，教师无权也无须思考课程问题，教师的任务只是教学。课程和教学成为两个彼此分离的领域。课程是教学的方向、目标或计划，是在教学过程之前和教学情境之外由官方预先规定的，教学的过程就是忠实而有效地传递课程的过程，而不应对课程做出任何调整和变革，二者之间的关系变成了单向的线性关系。在这种情况下，课程不断地走向孤立与封闭，而教学也变得死板和沉闷，师生的生命力和主体性无从发挥，课堂失去了活力，课程目标难以有效达成。② 我国第八次基础教育英语课程改革在一定程度上体现了过程化的课程观，倡导教师积极开发和利用各种课程资源。这有利于丰富和更新教师对课程概念的认识。这次课程改革中，国家英语课程标准采用整体设计、灵活开放的分级目标体系，规定了从小学到高中毕业，学生要达到的共同基本要求，形成了包括九个级别的要求的目标体系。而分级目标要求与基础教育阶段的年级不完全对应，各地可以根据国家课程三级管理的有关规定，根据当地的条件和需要，适当调整相应学段英语课程的目标。也就是说，课程标准只是规定了应达到的阶段性目标，而对何时达到构成阶段目标的分目标、用什么素材达到目标未做严格的规定和统一的要求，对知识点的先后顺序，即先学什么，后学什么也未做严格的规定和统一的要求。同时，课程标准还明确指出，教师应该根据课程标准、教学实际情况，创造性地使用英语教材。从英语课程标准的上述内容可以看出，新课程标准超越了对课程的静态描述，认识到了课程的动态生成的特点，认可了教师在具体教育情境中的课程调适作用。③

英语课程与教学的关系极为密切。一方面，制定目标要求时，必须面向动态的课程与教学实际及各种可能的教育情境，而关注动态的课程教学本身，其实就已经将课程与教学统一起来。另一方面，教师在开展教学、进行课程实践的同时，也在解读和建构课程。我国的课程与教学论应该用整合的观念认识课程与教学的关系，实现二者的有机结合。④

---

① 章兼中. 英语课程与教学论[M]. 福州：福建教育出版社，2016：8.
② 章兼中. 英语课程与教学论[M]. 福州：福建教育出版社，2016：9.
③ 章兼中. 英语课程与教学论[M]. 福州：福建教育出版社，2016：9.
④ 章兼中. 英语课程与教学论[M]. 福州：福建教育出版社，2016：9.

二、英语课程与教学论的任务

《国家中长期教育改革和发展规划纲要(2010—2020年)》明确提出,"人力资源是我国经济社会发展的第一资源,教育是开发人力资源的主要途径",深刻地表达了新时期党和国家对于"教育—人—社会"三者之间关系的整体把握和对于教育事业的功能定位,这构成英语教育工作的社会价值基础。① 英语教育事业是一个系统工程,英语教育事业的改革与发展涉及各个方面。各级各类英语教育的体制改革、机制创新、学制改革、课程与教学改革、教师队伍建设等任务艰巨,但不论是哪方面的改革,就其根本价值追求来说,都是能够更好地服务于培养高素质人才这个中心任务,都必须紧紧围绕这个中心任务。离开这个中心任务,教育改革与发展和学校工作会偏离正确的方向。

英语教育改革与发展的核心任务就是要强化英语教育在人力资源开发方面的重要职能,加快发展,深化改革,造就数以亿万计的具备国际化素质的高效劳动者、专门人才和创新人才。② 我国是一个人口大国。在农业时代,这种人口数量的优势本身也成为一种重要的社会资源,对农业生产、经济发展和国力壮大都起到了非常重要的作用。但是,工业时代以来,这种人口数量上的优势如果不及时转变为素质上的优势,很快就会变为经济社会发展的沉重负担。在此意义上可以说,工业化要求人的素质的现代化,要求人们将生产和生活的知识基础从口耳相传的直接经验转变为注重证据与逻辑的科学知识,这也是促使传统的英语教育向现代英语教育转变,酝酿和推动英语教育现代化的动力。20世纪60年代至80年代以来,伴随着知识经济时代的萌芽和信息技术时代的到来,人的素质的现代化要求更加迫切。在很大程度上,人的素质的现代化不仅是整个社会经济现代化的一个结果,而且本身成为制约社会经济现代化的一个重要条件。在国际范围内,教育由此从一种消费变为一种投资,从一种发展福利变为一种发展条件,从经济社会发展的因变量变为经济社会发展的自变量,从社会政策的后台走向社会政策的前台甚至中心。基于当代社会经济发展对人的素质提出的越来越高的要求,人们也越来越清晰地认识到,教育是开发人力资源的主要途径,是提高一个国家综合国力和竞争力的主要途径。③ 英语课程与教学论也承担着认识英语课程与教学的客观规律,体现时代精神,实现正确价值引领的重任。

《国家中长期教育改革和发展规划纲要(2010—2020年)》把提高英语教育质量作为我国英语教育改革与发展的核心任务,这既反映了世界教育发展的普遍规律和共同趋势,又体现了我国教育发展重心的转移。关注和提高教育质量是世界教育发展的共同趋势。经过20世纪50年代至60年代的数量扩张,世界主要国家已经基本普及了中小学教育,高等教育也逐渐进入大众化甚至普及化阶段。到20世纪70年代末,由于科学技术的发展及其在

---

① 顾明远,石中英. 国家中长期教育改革和发展规划纲要(2010—2020年)解读[M]. 北京:北京师范大学出版社,2011:19.
② 顾明远,石中英. 国家中长期教育改革和发展规划纲要(2010—2020年)解读[M]. 北京:北京师范大学出版社,2011:19.
③ 顾明远,石中英. 国家中长期教育改革和发展规划纲要(2010—2020年)解读[M]. 北京:北京师范大学出版社,2011:19-20.

经济和社会生活中的广泛应用,教育质量问题日益突出。20世纪80年代,世界性教育改革兴起,提高教育质量成为各国教育改革共同关注的首要问题。1983年,美国国家高质量教育委员会发表《国家处在危险之中:教育改革势在必行》的研究报告,以美国教育质量下降的种种表征为依据,提出了以提高质量为核心的改革措施。之后美国颁布了一系列教育改革法律,旨在提高各级各类教育质量。1988年,英国颁布了《1988年教育改革法》,确立国家课程和全国统一考试制度,扩大学校的办学自主权,目的也是提高教育教学质量。各国通过提高教育的质量标准、加强基础知识和基本技能的训练、注重批判性思维能力的培养、改革考试评价制度等措施,提高人才培养的质量。①

我国在经历了经济的持续高速发展和综合国力的迅速增长之后,迎来了经济社会发展的一个关键时期,要实现全面建成小康社会,建设创新型国家,建设人力资源强国,建设社会主义和谐社会和学习型社会。这一系列宏伟的战略目标预示着我国经济社会发展模式的转型,也意味着社会发展对教育提出了更高的要求。要充分发挥教育在经济社会中的战略性、基础性和引导性作用,必须大力提高教育质量,特别是提高人才培养的质量,加快培养具有创新精神、创新意识和创新能力的创新型人才。与此同时,提高英语教育质量是我国经济社会发展的需要。

改革开放以来,我国始终把教育放在优先发展的战略地位,建立了较为完善的教育体系,教育普及率不断提高。到2008年底,我国实现"两基"验收的县(市、区)累计达到3038个(含其他县级行政区划单位207个),占全国总县数的99.1%,"两基"人口覆盖率达到99.3%;全国高中阶段教育(包括普通高中、成人高中、中等职业学校)在校学生4576.07万人,高中阶段毛入学率74%;全国各类高等教育总规模达到2907万人,高等教育毛入学率达到23.3%。在大环境的利好下,我国的英语教育质量也存在一些不容忽视的问题,素质教育实施仍然步履维艰,在少数学生中存在分析问题、解决问题能力不强,英语实践能力差,缺乏终身向学的愿望和自主学习的能力,缺乏社会责任感,厌学、辍学现象严重等问题,难以满足经济社会发展对创新型人才的需要,无法满足人民群众对高质量教育的需要,也影响教育的健康、可持续发展。必须正视英语教育质量存在的问题,把提高英语教育质量作为未来英语教育发展的核心任务。②

教育工作以育人为本,各级各类教育机构,无论是中小学还是大学,无论其工作的内容和性质多么复杂多样,其根本目的是一样的,就是要服务于培养人才这个核心,就是要想方设法地创造有利条件,促进青少年学生的健康成长。一切不利于学生健康成长的观念、制度和做法,都应该不断得到纠正;一切不利于学生健康成长的环境、条件和影响,都应该得到及时的改善。无论大学、中小学,还是幼儿园,也无论是校长还是普通教师,都应该把育人为本作为教育工作的根本要求,把人才培养和青少年学生的健康发展置于工作首位,使之成为各

---

① 顾明远,石中英. 国家中长期教育改革和发展规划纲要(2010—2020年)解读[M]. 北京:北京师范大学出版社,2011:34-35.

② 顾明远,石中英. 国家中长期教育改革和发展规划纲要(2010—2020年)解读[M]. 北京:北京师范大学出版社,2011:35.

项工作的出发点,这也是检验和评价各项工作质量的核心标准。①

各级各类英语教育都有针对本阶段的教育发展任务。学前教育是我国基础教育的有机组成部分,是学制体系的重要环节。《国家中长期教育改革和发展规划纲要(2010—2020年)》提出了基本普及学前教育、明确政府对学前教育的职责、重点发展农村学前教育的规划目标和工作重点,体现了国家对学前教育的高度重视。学前教育的普及将有利于亿万幼儿的身心健康发展,为其后续学习和终身发展打好基础;有利于促进各级各类教育的协调发展,尤其是义务教育的巩固与提高;符合国际学前教育的发展趋势,有利于国民综合素质和国家竞争力的提升。《国家中长期教育改革和发展规划纲要(2010—2020年)》还明确了政府在学前教育中的责任,这是实现基本普及学前教育的关键所在。发展学前教育是各级政府的重要责任,要切实把学前教育纳入社会发展和教育事业的总体规划,形成城镇和乡村幼儿教育机构的合理覆盖,加快学前教育普及进程;建立政府主导、社会参与、公办民办并举的办园体制,充分体现学前教育的公益性和普惠性,满足家长的普遍性需求和个性化需要;通过建立科学合理的监管机制,加强教师队伍建设,规范办园行为,全面提高学前教育质量。实现基本普及学前教育的规划目标的重点和突破口都在农村。今后,将通过加大财政投入、以多种形式扩大资源、重点支持贫困地区、重点保证贫困家庭儿童和留守儿童等重要举措,加快农村学前教育的普及与质量的提高。②

受教育权是公民的基本权利。义务教育水平的高低,决定着一个国家国民的整体素质,决定着一个民族的荣辱兴衰。《国家中长期教育改革和发展规划纲要(2010—2020年)》阐明了未来十年义务教育的目标,即"到 2020 年,全面提高普及水平,全面提高教育质量,基本实现区域内均衡发展,确保适龄儿童少年接受良好义务教育"。进入 21 世纪以来,我国教育事业正逐步实现由数量增长向内涵发展的转变。提高义务教育的普及水平和质量,应是未来基础教育的重要任务。《国家中长期教育改革和发展规划纲要(2010—2020年)》明确提出,在"巩固义务教育普及成果"的基础上,实现义务教育质量的提高。均衡发展是义务教育的战略性任务。《国家中长期教育改革和发展规划纲要(2010—2020年)》强调"减轻学生课业负担是全社会的共同责任,政府、学校、家庭、社会必须共同努力,标本兼治,综合治理",同时要求政府和学校必须制定具体的减负措施,把"减负落实到中小学教育全过程,促进学生生动活泼学习、健康快乐成长。率先实现小学生减负"。家庭教育作为学校教育的补充,对青少年的教育起到了重要的作用。为此《国家中长期教育改革和发展规划纲要(2010—2020年)》不仅明确了家庭教育的价值,而且提出了具体措施,要求"家长要树立正确的教育观念,掌握科学的教育方法,尊重子女的健康情趣",同时发挥家庭教育的优势,加强与学校教育的合作,共同"减轻学生课业负担"。③

高等教育承担着培养高级专门人才、发展科学技术文化、促进社会主义现代化建设的重

---

① 顾明远,石中英. 国家中长期教育改革和发展规划纲要(2010—2020 年)解读[M].北京:北京师范大学出版社,2011:20-21.

② 顾明远,石中英. 国家中长期教育改革和发展规划纲要(2010—2020 年)解读[M].北京:北京师范大学出版社,2011:65.

③ 顾明远,石中英. 国家中长期教育改革和发展规划纲要(2010—2020 年)解读[M].北京:北京师范大学出版社,2011:82.

大任务,对提高全民文化素质和劳动生产率,提升国家的综合国力和核心竞争力,都具有极其重要的战略意义。改革开放以来,尤其是近十年来,在党中央、国务院的正确领导下,我国高等教育实现了跨越式发展,体制改革取得了历史性突破,教学改革取得了明显进展,世界一流大学和高水平大学建设成效显著,科技创新能力和社会服务能力显著增强,扩大开放和对外交流向更深层次、更广领域发展,为高等教育未来的改革与发展打下了坚实的基础。《国家中长期教育改革和发展规划纲要(2010—2020年)》指出,"提高质量是高等教育发展的核心任务,是建设高等教育强国的基本要求。"① 在未来,我国高等教育发展的核心任务是全面提升人才培养、科学研究和社会服务质量,基本形成达到世界先进水平、具有中国特色的社会主义现代化高等教育体系,建成若干所世界一流大学、一批有特色的高水平大学和一批世界一流学科,形成不同层次和类型高等学校协调发展和特色发展的新格局,高等教育的国际竞争力显著增强,跻身高等教育强国行列。我国拥有世界上规模最大的高等教育体系,从高等教育大国走向高等教育强国,是未来很长一个时期内我国高等教育改革与发展的战略目标和基本走向,② 各级各类的英语教育也将服务于这一教育改革与发展的目标。

英语教育的均衡发展是英语教育的首要难题。教育均衡发展是针对教育中资源配置不均衡这一问题提出来的,体现的是教育的普及性和公平性原则。教育普及是解决适龄青少年"有学上"的问题,而均衡发展则是解决他们"上好学"的问题。但中国地大物博、人口众多,各地的经济发展不均衡,加上英语学科的特殊性,英语学前教育和义务教育的资源配置在城乡之间、区域之间和学校之间存在着明显的差异,发展极不均衡。

首先,英语教育发展呈现地域间的非均衡状态。目前英语教育的失衡不仅表现在省与省之间的不平衡,同一省份内也存在城市与城市之间的差别。在北上广等发达一线城市和经济发达地区,很多学生在中小学阶段就可以跟英语母语者自如地交流。而在中西部欠发达省区,尤其是边远地区、贫困地区及少数民族聚居地区,英语教育资源严重不足,个别地区的英语教育处于非常落后的状态。

其次,英语教育发展呈现城乡间的非均衡状态。历史长期形成的城乡二元结构,造成城乡教育发展之间的差距。虽然近些年来,国家大力发展农村教育,但是城乡教育发展的现实差距依然存在。

最后,英语教育发展呈现校际的非均衡状态。目前在我国的英语教育中,存在重点与非重点学校、示范与非示范学校、实验与非实验学校的类型区别。重点学校、示范学校、实验学校固然能培养出一部分全面发展的英才,却占据了大量优质的办学资源,而普通学校和薄弱学校的优质办学资源较为匮乏。这不仅影响了社会公正,而且还诱发了教育乱收费、择校等系列问题,阻碍了教育事业的健康发展。

义务教育必须把公平性作为其实施的一项重要原则,而均衡发展是教育公平的重要内

---

① 顾明远,石中英. 国家中长期教育改革和发展规划纲要(2010—2020年)解读[M]. 北京:北京师范大学出版社,2011:149.

② 顾明远,石中英. 国家中长期教育改革和发展规划纲要(2010—2020年)解读[M]. 北京:北京师范大学出版社,2011:149.

容,也是实现教育公平的前提和基础。① 义务教育是国民教育,应将儿童最基本的受教育权放在首位,根据社会发展不断调整义务教育发展的基本思路,将均衡理念贯穿始终。教育教学资源在学校学科之间的配置不均衡,既是长期以来管理体制不统一和各地经济社会发展不均衡造成的,又与各地政府特别是教育行政部门的政策取向密切相关。一些地区的教育行政部门,热衷于建设重点学校、重点学科、窗口学校,使原本就不多的教育资源分布两极分化严重。这虽然造就了少数条件优越、成绩突出的重点学校,但也产生了更多的薄弱学校,与义务教育均衡发展的方向背道而驰。因此,均衡教育资源配置,推进学校教育标准化建设是一条重要的策略。制定学校标准化建设的有关标准,约束政府合理分配教育资源,使每所中小学校都能按照法定标准,拥有大体均等的物质条件和师资队伍,从而在义务教育领域形成一个相对公平的竞争环境,实现义务教育资源在学校之间相对均衡的配置。

优化师资队伍建设是促进英语教育均衡发展不可或缺的重要因素。国家在培养高素质教师队伍的同时,应采取有力的政策和措施,鼓励教师到农村学校或薄弱学校任教,尽量缩小重点学校与薄弱学校之间、城市学校与农村学校之间教育质量的差距。教师在区域内、学校间的交流,是解决区域内师资质量配置不均、消除"择校即择师"问题的根本所在。如美国政府采取"补偿教育",开发与贫民区儿童相关的学校课程,聘请与有困难的儿童大致相似成长经历的教师等,加大对薄弱学校、落后地区的投入,以缩小贫富地区的教育差异,提供均等的受教育条件。② 我国加大对农村义务教育的投入,免除农村义务教育阶段学生的学杂费,提供寄宿费补助,开展西部地区"两基"攻坚计划、国家贫困地区义务教育工程、农村中小学危房改造工程等,这些措施大大减轻了农民的教育负担,在缩小城乡教育差距中发挥了重要作用,推动了英语教育的均衡发展,为英语教育质量的整体提升奠定了基础,也为顺利完成英语教育的中长期发展任务提供了前提和基础。

结合英语教育的长期均衡发展目标,英语课程与教学论的主要任务在于探讨英语课程与英语教学、英语课程标准与课程评价、英语课程资源与课程内容、英语教学模式与方法、英语教学设计与实践、英语课堂教学评价与反思,以及英语教师素养专业化发展等方面的问题,确定英语教师专业知识结构的共核,帮助英语教师走上专业化发展的道路。英语课程与教学论旨在通过有关英语教学理论的学习和实践活动,从理论和实践上培养学习者从事中小学英语教学的素养和技能;在帮助学习者深入了解影响语言学习和教学因素的基础上,强化其对英语课程和教学相关理论的学习,理解语言教学的原则、规律、方法、手段等;鼓励学习者批判性地接受各种教学理论和实践方法,针对教学目标,科学合理地选择适合教学内容和教学对象的模式,为学习者从事中小学英语教学打下扎实的基础。

---

① 顾明远,石中英.国家中长期教育改革和发展规划纲要(2010—2020年)解读[M].北京:北京师范大学出版社,2011:83.
② 顾明远,石中英.国家中长期教育改革和发展规划纲要(2010—2020年)解读[M].北京:北京师范大学出版社,2011:85.

第二节　学习英语课程与教学论的意义与方法

教育是培养人的社会活动,也是人类延续、文化传承的根本途径,时至今日,人的全面发展不仅指劳动者的体力和智力的充分发展,而且指所有人的体魄、智力、精神、兴趣、爱好、人格等各种能力的发展,也就是人的素质的全面提高。在我国,人的全面发展的内涵全部体现在宪法规定的教育方针中,教育是实现人的全面发展的手段。通过英语教育提高当代人才的国际化素养是教育实现人的全面发展的应有之义,学习英语课程与教学论是学习者未来胜任英语教育工作的基础。

一、学习英语课程与教学论的意义

英语课程与教学论是英语教育的重要基础,系统掌握英语课程与教学论是高效、优质地发展英语教育的首选方式。① 经过近些年的发展,我国的英语教育事业发展变化很大,也面临着前所未有的机遇。科教兴国战略、人才强国战略为英语教育的发展提供了有利的外部环境。党的十六大报告提出"尊重劳动、尊重知识、尊重人才、尊重创造"的方针,赋予人才概念新的时代内涵,加强人才队伍建设成为新时期国家发展的重要战略,也成为社会大众的共识,而人才的培养靠教育,科教兴国战略、人才强国战略为教育事业的振兴创造了有利的外部环境。经济社会发展带来巨大的英语人才需求。在当前我国经济、社会和科技迅速发展的形势下,经济体制改革、社会发展进步和科学技术创新都对英语教育产生了巨大的需求。随着知识、技能的价值越来越充分显现,教育在改变个人命运、创造幸福生活方面所起的作用越来越重要,人们对优质教育的渴望越来越强烈和迫切,对英语教育的需求更加注重质量和多样性。英语教育需求的巨大潜力也为未来我国教育事业的发展提供了强大的动力。中华人民共和国成立以来,英语教育发展的成就和经验为新时期教育的发展奠定了坚实的基础。我国英语教育事业的发展取得了巨大的成就,也积累了丰富的经验。这些成就和经验一方面为英语教育的继续发展打下了坚实的基础,另一方面也增强了英语教育改革和发展的信心。信息时代的来临和国际交流的扩大更是为英语教育的发展创造了新的契机。

21世纪的中国英语教育享有前所未有的机遇,也面临着前所未有的挑战。国内的英语教育还没有充分满足经济社会发展的需要,也不能充分满足大众的教育需求。《国家中长期教育改革和发展规划纲要(2010—2020年)》明确指出,我国当前教育中存在诸多问题,如教育观念相对落后,内容方法比较陈旧,中小学生课业负担过重,素质教育推进困难;学生适应社会和就业的能力、创业能力不强,创新型、实用型、复合型人才紧缺;教育体制机制不完善,学校办学活力不足;教育结构和布局不尽合理,城乡、区域教育发展不平衡,贫困地区、民族地区教育发展滞后;教育投入不足,教育优先发展的战略地位尚未完全落实。城乡之间、区域之间及学校之间的教育差距较为明显,优质教育资源供给的不足与人们旺盛的教育需求

---

① 王本陆. 课程与教学论[M]. 3版. 北京:高等教育出版社,2017:15.

之间的矛盾突出。保持经济平稳较快发展,转变经济发展方式,推动产业结构升级,建设资源节约型和环境友好型社会,归根结底都需要教育事业的发展。《国家中长期教育改革和发展规划纲要(2010—2020年)》中提出的问题正是以后很长一段时间内我国各学科教育改革与发展的着力点,系统掌握理论武器,理论联系实践,推动英语教育在更高的起点上实现更大的发展,这既是英语教育持续发展的要求,也是经济社会发展的需要。

从国际教育的大环境看,中华人民共和国成立以来,我国的英语教育事业的发展尽管成绩突出,但与发达国家相比,依然存在很大的差距。知识经济时代,世界格局瞬息万变,国际竞争日趋激烈,知识成为提高综合国力和国际竞争力的决定性因素,而知识的储备取决于人才的培养,人才的培养又依赖于教育的振兴。当前,我国英语教育的财政支持尚未达到较高水平,从事英语教育的劳动者的创新能力明显不足,整体素质有待提高。国际贸易和金融危机带来的挑战使得提高国民素质、培养创新人才迫在眉睫。放眼全球,大力发展教育是国家在国际竞争中的制胜法宝,振兴教育事业也是实现中华民族的伟大复兴的必经之路。教育事关民族兴旺、人民福祉和国家未来,是民族振兴的基石。只有不断深化英语教育改革,以有效的理论指导正确的实践,大力发展英语教育事业,抓住机遇、迎接挑战,才能满足中国文化"走出去"对英语人才的迫切需求,才能为经济发展和社会进步注入强劲的活力,使我国逐渐由人力资源大国向人力资源强国迈进。

21世纪以来,随着我国基础教育课程改革的推进,学校和教师参与课程编制的空间扩大,课程开发逐步成为教师的分内之事。教师要胜任这些工作,就需要掌握课程与教学的基本原理,而课程与教学论是教师必须掌握的基本专业知识。[①] 课程与教学处处充满着价值冲突,如在课程目标上,是让学生多学实用知识还是重点发展能力?在课程内容取舍上,是偏重人文还是偏重科学?在教学质量评价上,是坚持统一要求还是关注个体差异?教师要想解决诸如此类的课程与教学领域的冲突,就要掌握课程与教学的客观规律,在多种相互竞争的价值取向中选定一种作为处理各种问题的基础,这事关课程与教学的方向性,课程与教学论对于正确方向的确立发挥着重要作用。[②] 不断提高教学活动的质量,是教育界不懈追求的目标。要提高教学质量,就需要探讨优化课程与教学的技术问题,课程与教学论研究能完成这一重要任务,发现课程与教学的规律。从这个意义上来说,英语课程与教学论成为英语教师的必修课。

二、学习英语课程与教学论的方法

课程与教学论作为教育专业的一门专业课,是课程论和教学论的合称,是对课程论和教学论两个相对独立又内在关联的学科分支按照教育专业培养要求进行必要整合的产物。[③] 学习英语课程与教学论,关键是要掌握英语课程与教学论的学科基本结构,整体把握现有的学科基本概念、原理、价值观和方法,并把它们有效内化到自己的认知结构中。英语课程兼

[①] 王本陆. 课程与教学论[M]. 3版. 北京:高等教育出版社,2017:14.
[②] 王本陆. 课程与教学论[M]. 3版. 北京:高等教育出版社,2017:7.
[③] 王本陆. 课程与教学论[M]. 3版. 北京:高等教育出版社,2017:3.

具工具性和人文性,英语教师应当了解这门课程的性质和理念、课程目标和实施方法,掌握如何运用多种资源和手段开发学生心智,发展核心素养体系,学会对课程和教学进行科学的评价。英语课程与教学论中有一些基本概念、核心原理、方法和价值观念,这些内容共同构成了学科的基本结构,学习时要重点把握其内涵,并注意它们之间的联系,在学习实践中赋予其灵魂,如课程论中社会、文化、儿童之间的关系问题,传承文化精华、促进儿童发展、体现社会价值等理念是课程论最基本的价值主张。教学论中,教师与学生、教学与发展是核心问题,它们的基本内核是相对稳定的,要重点把握。强调教学促进发展和优化师生活动,这是教学论最基本的价值主张。学习课程与教学论还需要掌握课程与教学的一般专业技能。就课程而言,课程目标与课程计划的设计、教材的编写、课程的试验和评价,都有具体的操作方法和行动要求。就教学而言,备课、上课、教学评价等都是技术要求很明确的工作。在方法层面上,也有核心的理念,这就是课程与教学优化(优质高效)的理念。提高课程与教学的科学性、提高课程与教学的质量等提法,都是现代化理念的具体表达形式。在课程与教学的技术方法上,明确坚持优化理念就有了联络各种具体操作问题的"总开关",就能把各种具体技术方法用内在"红线"串联起来。①

  理论联系实际是现代教学的重要原则之一,也是掌握英语课程与教学论的重要原则。学校里学习的主要是课程与教学论的基本概念、原理、价值观和方法,这些内容多以相对抽象的知识体系来呈现,要整体掌握这些知识,必须注意理论联系实际。一方面,要积极地运用实际经验来理解和阐释理论,即借助个人经验、典型案例和现实情景等因素,促进对概念和原理的把握;另一方面,要学以致用,即关注教育现实,努力运用所学理论去分析和解决现实问题。② 比如,课程的概念很复杂,学习者如果能联系学过的各种科目,理解起来就会简单很多;启发式教学说起来很抽象,学习者一旦真正进入课堂观察师生的教学行为并进行反思,就会对这一思想有更为具体的认识。再比如,目前我国正在全面深化基础教育改革,学习者在学习课程与教学论时就应该了解基础教育改革的具体动向,观察其走向,并学会使用一般原理去分析改革中遇到的各种问题。人类社会已进入信息时代,教学信息化工程在我国已经全面启动,学习者要了解信息化教学的进展。理论联系实际,学思结合能促进深入学习,提高学习质量,深化理论认识。

  学习和思考的关系问题,是学习课程与教学论需要解决的重要问题。学习英语课程与教学论必须牢记"学而不思则罔",一方面,要接受课程与教学论已有的成果,积累专业知识;另一方面,在接受专业知识的过程中,要有个人的思考和探索,这也是课程学习的要求。学习和思考是求学过程的正反两面,学思结合方是求学之道。③ 首先,掌握知识需要积极思考,这是知识习得的基本经验。在学习的过程中,充分发挥思考的作用,多方面展开对比、分析、归纳、推理、概括、抽象等思考活动,在有效思考和理解的基础上接受知识。其次,学习过程不仅是接受知识的过程,也是不断产生疑问的过程,要善于抓住学习过程中的疑问并进行独立思考。再次,学习还是一个主动探索的过程,不仅要深刻理解所学的知识,而且要对新

---

① 王本陆.课程与教学论[M].3版.北京:高等教育出版社,2017:16.
② 王本陆.课程与教学论[M].3版.北京:高等教育出版社,2017:17.
③ 王本陆.课程与教学论[M].3版.北京:高等教育出版社,2017:17.

的领域有所发现。思考绝不是胡思乱想,它需要立足于专业前景,综合运用各种知识来解决问题。因此,思考应以不断学习为基础,要注意围绕思考的问题进行深入的、扩展的专业学习,在广泛学习的基础上,对各种材料进行综合分析,找出共同的认识和经验,提出自己新的思路。这一思考过程,本身就是和学习过程分不开的。学习英语课程与教学论,被动的学习已经不再适用,批判性思维和探究式学习必不可少。

此外,还要注意拓展学习,不断在课堂和教材之外丰富自己的学识。教材和课堂只是提供学科基本结构,在学科基本结构的背后,还涉及大量相关的知识和技术,需要通过大量的课外学习来拓展课内学习。① 教育学名著是论述教育问题历久弥新的经典,具有很高的学术价值,对重大的课程与教学问题往往都有经典的讨论,这些探讨在学术史上具有里程碑的意义,如夸美纽斯的《大教学论》、杜威的《民主主义与教育》、泰勒的《课程与教学的基本原理》等。学习者精读这些名著能提高整体学养,把握学科发展脉络。学习课程与教学论的原理,主要是追求一种理性的把握,理论总是概括性的,需要学习者用更丰富的知识和对现实的了解来弥补其具体化方面的不足。此外,学习者还要多看专业资料和相关书籍,了解学科发展的最新动态,了解当前国内外课程与教学的大局及一些具体的问题。专业杂志发表的各种论文,在专题方面通常有较深入的介绍和分析,也时常出现新的见解,这些都可以对课内学习进行补充。在课程与教学论的各个领域,如课程与教学论思想、教学目标、教材、潜在课程、教学设计、教学模式、教学评价等,国内外都有不少专题著作,学习者在学习时都有必要参考。②

学习英语课程与教学论有多种途径,在学校里系统学习是掌握课程与教学论的基本途径。系统学习是掌握英语课程与教学论的基本方式,它将为个人学习打下坚实的学科基础。学校里开设的专业课程,充分考虑了学科知识和技术之间的关系,在教材编制和教师教学两个环节上都能保证学科内在的整体联系,因而能确保学习的系统性。而且,学校的系统课程学习有专门的教师指导,有专门的教学活动,可以让学习者少走弯路,学习者能在时间和精力花费较少的情况下,快速而有效地整体掌握这个学科的基本结构。除了在学校里系统学习课程外,经验摸索和自学是常见的途径。③ 每个教师在从事教学工作之前或多或少都已经积累了一些课程相关的教学知识,从教后只要自觉进行反思,就会增添很多教学体会。自学也是常见的可行途径,教师还可以结合工作需要,自觉查阅专业图书和资料,了解更多信息,扩充知识。通过经验摸索和自学来掌握课程与教学论是可能的,但绝非最佳途径。真正全面掌握课程与教学论是一个长期的过程,对课程与教学论的掌握有不同的层次,不可能一蹴而就。在学校中系统学习课程与教学论,是一个起点,即打好专业基础,了解本领域最基本的概念、原理、方法,初步形成学科范畴的整体框架。打好基础之后,学习者再通过理论联系实际,注意经验摸索,继续学习提高,认识就会越来越深入,技术也会越来越熟练,对这一领域的掌握就会进入更高的层次。反之,学习者如果基础不扎实,就会影响个人未来课程与教学专业能力的提升。从这个意义上说,现在在学校里多努力系统学习,就意味着未来更好

---

① 王本陆. 课程与教学论[M]. 3 版. 北京:高等教育出版社,2017:18.
② 王本陆. 课程与教学论[M]. 3 版. 北京:高等教育出版社,2017:19.
③ 王本陆. 课程与教学论[M]. 3 版. 北京:高等教育出版社,2017:15.

的前景。[1]

学无止境,学好课程与教学论必须积极优化学习方法,牢牢把握这个学科的基本结构,打好专业发展的坚实基础,在学习过程中把理论和实践结合起来,并不断加强课外扩展学习,提高学习效能。

---

[1] 王本陆.课程与教学论[M].3版.北京:高等教育出版社,2017:15.

第一章
英语课程论

第一节 英语课程目标与标准

无论是义务教育阶段还是高中阶段,英语课程标准都强调培养学生综合语言运用能力,并在此基础上促成正确价值观的形成,而在对这一能力进行整体描述的基础上,英语课程标准从不同的维度提出了不同能力层级的具体教学目标。

一、义务教育阶段英语课程目标与标准

义务教育阶段英语课程的目标是通过英语学习使学生形成初步的综合语言运用能力,促进心智发展,提高综合人文素养。综合语言运用能力的形成建立在语言技能、语言知识、文化意识、学习策略和情感态度等方面整体发展的基础上。语言技能和语言知识是综合语言运用能力的基础;文化意识有利于正确理解语言和得体地使用语言;有效的学习策略有利于提高学习效率和发展自主学习能力;积极的情感态度有利于促进主动学习和持续学习。这五个方面相辅相成,共同促进学生综合语言运用能力的形成与发展。①

义务教育阶段强调培养学生学习英语的兴趣,帮助学生树立学习英语的自信心,逐步养成良好的学习习惯,探索有效的、适合自己的学习方法,培养基本语感,并强调通过参与、体验和实践发展听、说、读、写技能,为进一步学习英语和用英语交流奠定基础。

二、高中教育阶段英语课程目标与标准

高中英语课程的总目标是使学生在义务教育阶段英语学习的基础上,根据高中学生认

---

① 中华人民共和国教育部. 义务教育英语课程标准(2011年版)[S].北京:北京师范大学出版社,2012:12.

知能力发展的特点和学业发展的需求,在进一步发展学生综合语言运用能力的基础上,着重提高学生用英语获取信息、处理信息、分析问题和解决问题的能力,特别注重提高学生用英语思考和表达的能力,形成跨文化交际的意识和基本的跨文化交际能力,进一步拓展国际视野,增强爱国主义精神和民族使命感,形成健全的情感、态度、价值观,为未来发展和终身学习奠定良好的基础。

普通高中英语课程的具体目标是培养和发展学生在接受高中英语教育后应具备的语言能力、文化意识、思维品质、学习能力等学科核心素养。

(一)英语学科核心素养

语言能力指在社会情境中,以听、说、读、看、写等方式理解和表达意义的能力,以及在学习和使用语言的过程中形成的语言意识和语感。英语语言能力构成英语学科核心素养的基础要素。英语语言能力的提高蕴含文化意识、思维品质和学习能力的提升,有助于学生拓展国际视野和思维方式,开展跨文化交流。①

文化意识是指对中外文化的理解和对优秀文化的认同,是学生在全球化背景下所表现的跨文化意识、态度和行为取向。文化意识体现了英语学科核心素养的价值取向。文化意识的培育有助于学生增强国家认同感和家国情怀,坚定文化自信,树立人类命运共同体意识,学会为人处世,成长为有文化修养和社会责任感的人。②

思维品质指思维在逻辑性、批判性、创新性等方面所表现的能力和水平。思维品质是体现英语学科核心素养的心智特征。思维品质的发展有助于提升学生分析问题和解决问题的能力,促使其以跨文化视角观察和认识世界,对事物做出正确的价值判断。③

学习能力指学生积极运用和主动调适英语学习策略、拓宽英语学习渠道、努力提升英语学习效率的意识和能力。学习能力是构成英语学科核心素养的发展条件。学习能力的培养有助于学生做好英语学习的自我管理,养成良好的学习习惯,多渠道获取学习资源,自主、高效地开展学习。④

(二)英语学科核心素养之间的关系

从四大要素的结构和发展关系来看,语言能力是其他要素发展的基础,因为语言是文化的载体和思维的工具;文化意识是其他要素发展的方向,它不但引导语言文化内容的选择,还指引学习和思维的发展过程与学生的价值判断;思维品质是其他要素发展的动力,因为语言、文化学习是社会认知的过程,而这个过程的主要推动力就是思维;学习能力是其他要素发展的条件,它影响着学生的学习态度、过程、方法和结果。

这四大要素相互渗透,融合互动,协调发展,是所有学生应具有的学科综合素养、社会价值和个人价值,是英语课程的育人指引,也是学业质量的评价标准。

---

① 中华人民共和国教育部. 普通高中英语课程标准(2017年版)[S]. 北京:人民教育出版社,2018:4.
② 中华人民共和国教育部. 普通高中英语课程标准(2017年版)[S]. 北京:人民教育出版社,2018:4.
③ 中华人民共和国教育部. 普通高中英语课程标准(2017年版)[S]. 北京:人民教育出版社,2018:5.
④ 中华人民共和国教育部. 普通高中英语课程标准(2017年版)[S]. 北京:人民教育出版社,2018:5.

普通高中英语学科核心素养各要素的发展可划分为三个水平,水平描述参见《普通高中英语课程标准(2017 年版)》附录 1。通过该课程的学习,学生应达到高中英语课程标准所设定的四项学科核心素养的发展目标。

高中阶段需要在培养学生英语语言运用能力的基础上,通过语言学习重点发展学生信息收集与信息处理的能力、分析问题和解决问题的能力、思维与表达的能力,以及在今后人生中的自我学习能力。

三、高中英语课程的基本目标

高中英语课程包括四个维度的基本目标,即语言能力目标、文化意识目标、思维品质目标、学习能力目标。① 这四个目标的具体内容如下。

(一)语言能力目标

语言能力目标要求学生具有一定的语言意识和英语语感,在常见的具体语境中整合性地运用已有语言知识,理解口头语篇和书面语篇所表达的意义,识别其恰当表意所采用的手段,有效地使用口语和书面语表达意义和进行人际交流。② 语言能力由语言知识和语言运用能力组成。

语言知识包括语音、词汇、语法、功能和话题五个方面的内容。知识是语言能力的有机组成部分,是发展语言技能的重要基础。高中阶段语言知识的学习要以语言运用为目的,服务于语言的理解与表达,服务于信息的收集和处理,服务于思维和交流的需要。教学不能为了教知识而教,而要把知识的学习与语言实践活动、语言的实际运用和所在的情境紧密结合起来。

语言运用能力是听、说、读、写技能的综合,听和读是理解技能,说和写是表达技能。这四种技能在语言学习和语言交流中相辅相成,相互促进,是综合语言运用能力形成的重要组成部分,是人们交流情感和信息的重要基础和渠道。在高中阶段,语言技能的教学应注重使学生在有意义的情境中通过听、读、观察和动手获取信息,通过思维、组织、筛选、提炼等处理信息,通过说和写传达信息、表达见解。通过这一过程,学生能发展口头和书面表达的能力、思维能力、与人交往的能力,以及组织协调的能力。

(二)文化意识目标

文化意识目标要求学生在学习中获得文化知识,理解文化内涵,比较文化异同,汲取文化精华,形成正确的价值观,坚定文化自信,形成自尊、自信、自强的良好品格,具备一定的跨文化沟通和传播中华文化的能力。

高中英语课程要求教师在教学中帮助学生运用英语基础知识和基本技能,发展跨文化交流能力,为他们学习其他学科知识、汲取世界文化精华、传播中华文化创造良好的条件,也

---

① 中华人民共和国教育部. 普通高中英语课程标准(2017 年版)[S]. 北京:人民教育出版社,2018:4.
② 中华人民共和国教育部. 普通高中英语课程标准(2017 年版)[S]. 北京:人民教育出版社,2018:6.

为他们未来继续学习英语打好基础。同时,教师还应帮助学生树立人类命运共同体意识及多元文化意识,形成开放、包容的态度,增强爱国情怀,树立正确的三观,为学生未来更好地适应世界多极化、经济全球化和社会信息化奠定基础。

文化意识目标包括学习必要的跨文化知识,增进文化理解,形成文化意识,从而为跨文化交际能力的发展奠定基础。学习英语必然要接触英语国家的文化,学生了解英语国家的文化有利于丰富学识,开拓视野,有利于促进对英语语言本身的理解和使用,有利于加深对本国文化的理解与认识,增强世界意识,同时也有利于发展对文化差异的敏感性,这些都是形成跨文化交际能力的重要基础。教师应根据学生的年龄特点和认知能力,逐步扩展文化知识的内容和范围。教学中涉及的有关英语国家的文化知识应与学生的日常生活、知识结构和认知水平等密切相关,并能激发学生学习英语文化的兴趣。

(三)思维品质目标

思维品质目标要求学生能辨析语言和文化中的具体现象,梳理、概括信息,建构新概念,分析、推断信息的逻辑关系,正确评判各种思想观点,创造性地表达自己的观点,具备多元思维的意识和创新思维的能力。

在语言教学过程中,教师应通过对学生的学习兴趣、学习自信心、克服困难的意志和合作精神的培养,积极引导学生将兴趣转化为稳定的学习动机,使他们在不断获得鼓励和成功的基础上树立较强的自信心,形成克服困难的意志,并在这一过程中养成乐于与他人合作,积极进取、健康向上的思维品质。

思维能力是学习能力的核心。学生在英语学习过程中,遇到问题时要多想一想,这种"想"就是思维。它是通过分析、比较、抽象、概括、综合等一系列过程,对感性材料进行加工并转化为理性认识来解决问题的。我们常说的概念、判断和推理,就是思维的基本形式。无论是学生的学习活动,还是人类的一切发明创造活动,都离不开思维。良好的思维品质有助于学生形成自己的观点,有助于其终身学习与发展。

(四)学习能力目标

学习能力目标旨在帮助学生树立正确的英语学习观,保持对英语学习的兴趣,明确自己的学习目标,多渠道获取英语学习资源,有效规划学习时间和学习任务,选择恰当的策略与方法,监控、评价、反思和调整自己的学习内容和进程,逐步提高学生通过英语学习其他学科知识的意识和能力。

学习能力目标包含培养学习兴趣,树立学习目标,获取学习资源,选择学习策略等方面。

学习兴趣与学习目标有着很大的关联。首先,教师帮助学生认真明确英语学习的目标,使学生对这门学科的学习产生兴趣和信心。想象中的兴趣会推动学生认真学习该学科,从而对它真正感兴趣。另外,先确定小的可以达到的学习目标,会增强学生学习的信心。同时,监督学生持之以恒地努力,一个个小目标的实现,是他们实现大目标的开始。其次,通过各种英语运用场合来帮助学生提升英语问题的实际解决能力,这有利于学生确立稳定的兴趣,同时也可以鼓励学生不断提出问题,帮助他们保持学习的兴趣。

获取学习资源是指学生合理并有效地利用各种媒介学习和运用英语。互联网和多媒体以及各种书报和杂志为英语课程提供了无限广阔的资源,英语课程教师要引导和教会学生有效地利用这些资源,创造更多的学英语和用英语的机会。

选择学习策略是指学生对自己的学习目标、内容、方法和效果进行有效管理的策略,它包括确定目标、制订计划、实施计划、评价效果和调整学习目标和学习方法以期达到更好的学习结果的策略。这一策略往往为教师所忽略,因为过去的学习都是教师给学生定目标,学生只需要听教师讲解、记笔记、课后完成作业就可以了。因此,学生自我管理的能力普遍比较弱,一离开教师,一些学生就不知道该如何学习,没有作业时也不会安排时间,更不会自觉地对自己的学习进行评价和反思,并调整学习策略。这是学生在英语学习中特别需要解决的问题之一,也是教师需要通过学习新技能去解决的问题。

四、英语课程目标的关注要点

英语课程目标需要关注以下几点。

(一)关注学生思维的培养

语言和思维是不可分割的。语言是思维发展的工具。人们通过语言的输入与输出,形成思维,并在这一过程中发展思维。我们所说的话、写的信都可以说是在表达我们的思维。学习英语如果不借助思维,就好像鹦鹉学舌,只能说别人说的话,不能表达自己的见解,不能创新,这是语言教学的死胡同。现在的高中学生有比较广泛的学科基础知识,有很强的求知欲和兴趣,有丰富的想象力和活跃的思维,也具有一定的分析问题和解决问题的能力,再加上信息资源丰富,发展学生用英语收集信息和处理信息的能力及思维和表达的能力是可行的,也是必要的。根据社会和科技发展对学生英语能力的要求,以及高中学生的认知和心理发展水平、英语课程循序渐进的发展规律,这一思维培养目标是能够达到的。关键在于教师如何理解这些能力的具体含义,如何在具体的教学中培养学生的这些能力,为学生的发展提供空间和平台。

(二)关注学生主动学习能力的培养

高中英语课程目标是在学生接受义务教育的基础上,进一步发展学生的综合语言运用能力,更加侧重于培养学生收集信息、处理信息以及理解与表达的能力。这里提到的表达,实际上不只是说和写,它包括情感态度、文化、获取信息的能力,以及用英语思维的能力。就获取信息的能力而言,信息是多渠道的,除了各种文字信息(如图书、报刊等),还有有声信息(如广播等),各种视觉信息(如电视信息、网络信息),以及与他人进行交流过程中获得的信息。学生今后走向社会,遇到纷繁复杂的信息时,有效进行信息收集和处理也是一种基本的能力。高中英语课程目标要求学生能够用英语来分析问题和解决问题,强调学生用英语思维,也就是说,更侧重于培养学生主动学习的能力、主动运用语言的能力和适应社会环境的能力。

(三)关注英语课程目标的情感态度

英语课程的教育教学应该提升学生的沟通素养(如沟通能力、表达能力、跨文化交际能力),读写素养(如阅读与写作能力、文本分析与处理能力),思维素养(如逻辑性思维、批判性思维),文化素养(如跨文化意识、多元文化意识),情感素养(如人文精神、审美能力),态度素养(如情感态度、学习态度)以及策略素养(如认知策略、交际策略、情感策略)。

英语课程培养目标涵盖了情感素养目标、态度素养目标和策略素养目标,充分体现了课程以人为本、以学生的发展为本的教学理念。我们不再把学生看成接受知识的容器,而是有情感、有需求、有思维、有自主性的独立个体。他们有自己特定的学习风格和学习方式,也就是说,学生学英语的过程不只是学习语言知识、语言技能的过程,也是个人全面发展的过程,而情感是其中的一部分。

当前,有部分教师认为高中英语新课程只是提高了对学生语言知识与技能方面的要求,这是一种浮于表面的认识。高中英语新课程在整个课程的设计和思路上都发生了本质的变化,绝对不只是提高了对语言知识和技能的要求。前面已经谈到课程目标综合性发展的问题,英语课程目标不再只是瞄准语言知识和技能的提高,教师需要在语言教学的过程中实现对人的教育,促进人的发展。语言知识、情感态度、学习策略、文化意识都是综合语言运用能力发展的基础,是英语教学要实现的教学目标。此外,从语言的角度出发,对语言知识和技能的要求也发生了本质性的变化。学生仅仅记忆一定量的词汇、懂得一些语法知识是不能够达到高中英语教学标准的,他们必须学会运用这些知识获取信息、处理信息并进行思考和表达,能够分析问题和解决问题。要达到这个标准,单靠过去的教学方式——讲、练、译是不行的。教师必须认识目标的重要性,改进教学方式,把学生被动学习、机械记忆的过程变为主动实践、积极探索的过程。这需要教师的合作与研究,需要教师发挥创造性,需要教师的实践和探索。还需要指出的是,教材是实现课程目标的重要媒介,是教材编写者对课程标准的认识的体现,教学目标的真正实现还需要教师根据学生的需求和水平、教学的内容、条件和环境来确定,不能仅仅为教材而教。学生是人,是有个性差异的人,更是发展中的人,这应该是我们教学的基本出发点和立足点。

(四)关注情感态度的重要性

1. 语言学习与学生的学习情感关系极为密切

学生的情感在学习中是一个很重要的因素。学生如果对学习不感兴趣,没有学习动机,学习就不可能发生。使学生对英语产生兴趣、保持学习动机,是教师的重要任务。也就是说,要让学生有兴趣,教师首先要设法激发他们的学习动机,这样他们才会付出努力,取得进步,从而产生成就感。而成就感又会进一步激发兴趣和动机,使学生更加主动和努力,也必然会带来更大的成功。兴趣和动机分为内在和外在两种。外在的兴趣和动机来源于外界的影响,如教师的表扬、考试的压力、社会环境的影响等,当外界的影响不再存在时,动机也就很容易消失;而内在的兴趣和动机来自对学科本身和学习的兴趣,这种兴趣和动机源于学习中所获得的乐趣、对知识的渴望得到满足的体验。研究表明,内在的兴趣和动机具有更强的影响力,也更具持久性。教师首先要尊重学生,尊重他们的个性,保护他们的自尊心,通过丰富的、符合学生认知特点和水平的、与学生生活贴近的课堂活动设计,营造良好的学习氛围,不断激发学生的内在动机。学生保持积极的情感和良好的学习自信心是学习获得成功的重要基础。

2. 情感在学习过程中同样具有十分重要的作用

语言的学习需要学生积极参与并大胆实践,学生积极向上的情感、活泼开朗的个性和较强的自信心是参与和实践的重要基础。有了这个基础,他们就会获得更多的学习机会。在语言学习的过程中,学生需要不断地与遗忘作斗争,持之以恒地学习。在教学中,教师需要有意识地培养学生逐步形成坚强的意志,不断克服外语学习中遇到的困难。相反,消极的情感态度则会直接影响语言学习的过程。比如,过度的害羞心理和内向的性格不利于学生积极参与学习活动;过度的焦虑心理不利于学生大胆地用外语表达,不利于自信心的建立,学生必然也会因此失去很多学习和实践的机会,也就不可能达到满意的学习效果。教师在教学中要特别关注性格内向、自信心不足的学生,适时地鼓励他们,在他们有充分准备的条件下,给他们发挥和表现的空间,并及时表扬和鼓励,这可能会给学生带来重大的影响。一个人对自己有自信时,就会持续付出更多的努力。教师的言行如果表现出不信任或不耐烦,学生的心灵必然会蒙上一层阴影,必然对今后的学习造成破坏性的影响。

3. 情感态度本身就是学生全面发展的一个重要方面

基础教育阶段是青少年情感态度发展的重要时段。基础教育中的每一个阶段、每一门学科都应该关注学生的情感,帮助他们培养积极向上的情感态度,这不仅有助于他们学好一门学科,而且有助于学生树立正确的人生观和价值观。可能有教师认为,情感态度不应是某个学科的教学目标内容,而应该是思想品德课程的目标。其实不然,从根本上说,情感问题是人的发展问题,而关注人的发展就不可能不关注人的情感健康。对人的情感教育不可能仅仅通过一门思想品德课来完成,各个学科的教师都要对此给予特别关注,情感教育在很大程度上也是通过课堂教学的每个环节来实现的,这是所有教育工作者不能忽视的事实。就像素质教育不可能仅仅通过课外活动来完成,每一个课堂都应该是实施素质教育的园地。教育的根本目标就是促进人的发展,而情感是人的发展的极其重要的方面。过去的教育非常关注学生的智力因素发展,但忽视了学生非智力因素的发展,使学生情感受到一些挫折。在新课程教学中,教师对学生的情感关怀必须渗透到学生学习和生活的各个方面,每一门课程都应该尽可能结合学科的特点,把培养和发展学生的情感融合到平常的教育教学实践中。

(五)关注英语课程目标的学习策略

从教与学的现状来看,很多教师在教学中基本上不重视对学生学法的指导,教师只管教,学生只管学。学生普遍习惯于跟着老师走,听老师讲课、记笔记、复习笔记、记诵、写作业是比较常见的学习方式。现在还有很多学生等着教师留作业、出练习题,好像没有这些就没法学习了。这种被动的学习方式显然不能适应课程培养目标要求。在现代信息化社会中,学会学习比掌握具体的知识和技能更加重要,是今后人的可持续发展的基础和条件,是一种非常重要的能力。所以我们应该强调培养学生的自主学习能力,为学生将来走入社会以后实现终身学习创造条件,而培养自主学习能力的重要途径是形成有效的学习策略。

学习策略是终身学习的需要。终身学习是当代公民必须具备的基本素质之一。自主学习能力的培养是终身学习得以实现的条件。我们的所有课程都要有利于学生学会如何学习,发展自主学习能力,要使学生学会设定学习目标、制订计划、选择有效的学习策略、调整学习目标、计划和策略、选择适合自己的学习方法,并有能力参与自我评价等。具备了这些能力,学生离开学校后也能根据工作需要,积极有效地进行学习。

学习策略的有效运用能够提高英语学习的效果。国内外大量语言学习策略研究得出的结论是英语学习能否取得成功,在很大程度上取决于学生的学习自主性和学习策略能否得到有效运用。也就是说,学生使用有效的学习策略可以提高学习的质量。成功的学习者比其他学习者掌握的学习策略更多,有效使用策略的频率更高,使用策略的自觉性更强。为了帮助高中学生提升英语学习的成效,教师应该帮助他们形成有效的英语学习策略。

第二节 英语课程内容

英语课程内容是发展学生英语学科核心素养的基础,包含六个要素:主题语境、语篇类型、语言知识、文化知识、语言技能和学习策略。主题语境涵盖人与自我、人与社会和人与自然和谐相处的情境,涉及人文社会科学和自然科学领域等,为学科育人提供话题和话语空间;语篇类型包括口语语篇、书面语篇和不同的文体形式,如记叙文、说明文、议论文、应用文、访谈录等连续性文本,以及图表、漫画等非连续性文本,它们都可以为语言学习提供文体素材;语言知识涵盖语音知识、词汇知识、语法知识、语篇知识和语用知识,是构成语言能力的重要基础;文化知识指中外优秀人文和科学知识,既包含物质文明知识,也包含精神文明知识,是学生形成跨文化意识、涵养人文和科学精神、坚定文化自信的知识源泉;语言技能分为理解性技能和表达性技能,具体包括听、说、读、看、写等,学生基于语篇所开展的学习活动就是基于这些语言技能的;学习策略包括元认知策路、认知策略、交际策略、情感策略等,有效选择和使用策略是帮助学生理解和表达、提高学习效率的手段,是学生形成自主学习和终身学习能力的必备条件。①

一、主题语境

主题为语言学习提供主题范围或主题语境。学生对主题意义的探究应该是语言学习最重要的内容,直接影响学生对语篇理解的程度、思维发展的水平和语言学习的成效。② 主题语境的三大块(人与自我、人与社会和人与自然)分别包含9项、16项、7项子主题③。

主题语境不仅规约了语言知识和文化知识的学习范围,还为语言学习提供意义语境,并有机渗透情感、态度和价值观。

---

① 中华人民共和国教育部. 普通高中英语课程标准(2017年版)[S].北京:人民教育出版社,2018:12.
② 中华人民共和国教育部. 普通高中英语课程标准(2017年版)[S].北京:人民教育出版社,2018:14.
③ 中华人民共和国教育部. 普通高中英语课程标准(2017年版)[S].北京:人民教育出版社,2018:14-15.

例 1

In the late afternoon, 15-year-old Saanya Hasan Ali can often be found in her comfortable family room. But she isn't doing homework or in front of a computer screen. She is cutting, drawing, gluing and folding, surrounded by a colorful chaos of paper, rubber stamps, buttons, and ribbons. "I just love arts and crafts," says Saanya. During the past six years, Saanya has raised $26,000 through the sale of her cards to help children and families in need.

Saanya's unexpected success began in 2005. "My mother received an e-mail from the Pennies for Education and Health (PEH) organization. They were raising money for children in India, in order to support them to go to school," explains Saanya, who was nine years old at the time. Her mother, Salma, offered to donate $75 in Saanya's name. But Saanya decided to raise the money herself.

Saanya made cards to sell at a family wedding that summer. To her own surprise, she earned $600—enough to send eight children to school for the year. "I kept on making cards, and the following summer I was able to help support the kids for another year," explains Saanya. One of her goals is to support the schooling of these eight children until they graduate from college.

Saanya acknowledges that her project has helped her to see the world through different eyes. "Now that I am in high school, I would also like to inspire other kids to do their own projects. No matter who you are, there is always an opportunity to make a difference. Making cards is my small effort," she says, "If everyone does their small part, it can grow into something beyond your expectations."（2018年杭州高级中学适应性考试）

分析：本文是一篇记叙文。15岁的女孩Saanya Hasan Ali通过制作手工贺卡筹集资金，帮助贫困的孩子和家庭。文章提倡公益事业与志愿服务，属于人与社会主题语境范围内的社会服务与人际沟通主题群。教师在辅导学生学习文章的时候，应该通过这个故事培养他们与人为善、助人为乐、志愿服务他人的精神，使世界充满温情。

例 2

According to a new study from Cornell University, about one-fifth of the global population, or 2 billion people worldwide, will be forced to resettle or go deeper inland by 2100 due to the continuous rise in sea level.

The study, published in the journal *Land Use Policy*, showed that the booming global population could make the matter worse. The researchers expected that there are about 1.4 billion "climate change refugees" in the world by 2060 and by 2100 the number of the homeless people due to the rising sea level could reach up to two billion.

"We're going to have more people on less land and sooner than we think," said lead author Charles Geisler, professor at Cornell University. "The future rise in global average sea level probably won't be gradual. Yet few policymakers are observing the significant barriers that coastal climate refugees will run into when they move to higher ground."

For the study, the researchers reviewed potential problems that climate change refugees may face if they go deeper inland. The researchers were able to provide primary estimates of their loss on inland resettlement space. The researchers found that some inland regions were unlikely to support new waves of climate change refugees due to the remains of war, road developments and rare natural resources.

Apart from the rising sea level, increasing storm weather and the booming global population are also having a huge influence on the number of climate change refugees. Storm can push seawater further inland. The increasing global population requires more land even as the ocean swallows up rich coastal zones and the river deltas. These force people to search for new places to move to higher ground. (www.zujuan.com)

分析:这篇文章讲述由于海平面的上升,很多人将失去现有的家园,被迫迁移至其他地方。文章警醒人们要更多地关注和爱护环境,属于人与自然语境范围内的环境保护和灾害防范主题群。在为学生讲授文章时,教师可以帮助学生树立环保意识,能自觉保护环境。

二、语篇类型

语篇类型指记叙文、议论文、说明文、应用文等不同类型的文体,以及口头、书面等多模态形式的语篇,如文字、图示、歌曲、音频、视频等。[①] 让学生接触和熟悉不同类型的语篇,把握它们的特定结构、文体特征和表达方式,不仅有助于理解内容,而且可以帮助学生根据不同情境使用不同类型语篇进行有效表达与交流,[②] 还可以发展他们的阅读能力,学习语言、人文和科学知识,拓展思维,提高审美、鉴赏和评价能力。

例 3

Life Coaching Courses

Life coaching courses are perfect for individuals with excellent interpersonal skills and are willing to help people achieve their goals. The role of a life coach is to provide support and guidance for people looking forward to changing or improving a certain aspect of their life. This can be emotional or health-related and, in the overall sense, it can mean total life support and life coaching.

Life coaching courses available through NCC are below:

①Emotional Freedom Technique (EFT) Diploma

This quality-assured diploma in Emotional Freedom Technique is a form of emotional and psychological acupressure (指压), which makes use of a simple tapping routine coupled with statements made by the client to express how they feel about the problem in hand.

Price: WAS $550 NOW $440

[①] 中华人民共和国教育部. 普通高中英语课程标准(2017年版)[S]. 北京:人民教育出版社,2018:17.
[②] 中华人民共和国教育部. 普通高中英语课程标准(2017年版)[S]. 北京:人民教育出版社,2018:17.

Awarding Body：ABC Awards

Average Duration(持续时间)：200 hours

Course Support：12 months access to the course

②Health Coaching Diploma

The Health Coaching Level 3 Diploma course is appealing for those who wish to improve soft skills or the jobs that they already have. In addition，it is for those with a keen interest in health promotion.

Price：WAS ＄550 NOW ＄440

Awarding Body：ABC Awards

Average Duration：200 hours

Course Support：12 months access to the course

③Life Coaching Diploma

The Life Coaching Diploma course aims to provide the learner with knowledge of how life coaching works and what a life coach does. It could be the beginning of a whole new life，not only for you，but for all your potential clients！

Price：WAS ＄408 NOW ＄326.40

Awarding Body：NCFE Certificate

Average Duration：200 hours

Course Support：12 months expert tutor support（2019年学科网英语仿真性训练）

分析：本文是一篇应用文，主要介绍了人生教练的工作内容以及三种人生教练课程的相关信息。通过对文章的学习，学生可以理解英语广告类文体的特点，并了解此类文章的阅读方法。

例 4

If you're a first-time language learner，you know that emotional ups and downs are a normal situation. When you understand a concept or begin to comprehend the language，you may experience feelings of excitement. However，those are often followed by moments of disappointment and discouragement，during which you might feel as if you will never master the concepts or attain the ability to understand and communicate effectively. Below are some approaches that will relieve your potential frustration and help you succeed in language learning.

• Learn vocabulary effectively.

Vocabulary is the most important part of communication. The more words you know，the more you can say and understand. The absolute best way to learn vocabulary is through the use of flash cards that you make yourself. Purchase a set of 3×5 index cards（索引卡片）and cut them in half. Write a word on the front and its English definition on the back. As you learn more information about each word，e.g. plural forms of nouns and principle parts of verbs，you can add these to the cards.

• Break study time into smaller periods.

Research shows that language students learn more effectively and acquire more when they study frequently and for shorter periods of time than if they study infrequently for extended periods of time. Try to study each day, and several times a day. This means, doing a few homework exercises each day can have better learning effects than doing all homework the night before they are due.

• Practice language actively.

Whenever possible, speak the language aloud rather than reciting silently to yourself. Say vocabulary words out loud, read passages in the text aloud, do pronunciation activities orally and not just mentally. Write out the answers to activities rather than gliding through them in your mind. Read aloud entire sentences in an activity rather than just reading a fill-in response. Transferring language from your mind to your mouth is a skill that requires a great deal of practice.(改编自 www. ShanghaiTutors. com)

分析:本文是一篇说明文。文章主要为语言初学者提供了学习语言的三条建议。它可以帮助学生了解说明类文章的条理、格式,以及如何抓住文章主旨大意的方法,进一步提升他们的条理性思维能力。

三、语言知识

语言知识包括语音知识、词汇知识、语法知识、语篇知识和语用知识。[1] 语音知识、词汇知识、语法知识属于语言的结构性知识,语篇知识和语用知识属于语言的应用性知识。虽然语音知识、词汇知识、语法知识是语言系统的基本组成部分,但单纯的语音知识、词汇知识和语法知识无法帮助语言学习者进行有效的语言交际,只有把它们融入语篇知识和语用知识之中,使用者才能有效地掌握语言的结构性知识,并在恰当的语境中,运用这些知识建构语篇,实现传递意义、表达情感和观点的目的,[2]因此,在学习过程中,不但要注意语言知识的表意功能,同时也要特别关注其创设的语境。

(一)语音知识

语音和语义密不可分,语言依靠语音实现其社会交际功能。英语的语音包括重音、语调、节奏、停顿、连读、爆破、同化等。说话者通过语音的变化表达意义、观点,反映其态度、意图、情感等。学生在义务教育阶段已经具备了一定的英语语音知识,了解了英语发音与拼写的关系,也学习了音标知识。高中阶段的语音知识学习应在巩固义务教育所获得的语音知识的基础上,侧重通过实践增强学生的语感,以体会语音知识的表意功能,帮助学生建构语音意识和语音能力。教师可以通过设计多种形式的语音实践活动,引导他们进一步体验、感知、模仿英语的发音,注意停顿、连读、爆破、节奏等,帮助学生形成良好的英语发音和一定的

---

[1] 中华人民共和国教育部. 普通高中英语课程标准(2017年版)[S]. 北京:人民教育出版社,2018:19.
[2] 梅德明,王蔷. 普通高中英语课程标准(2017年版)解读[M]. 北京:高等教育出版社,2018:98

语感,并通过学习相关的语音知识,形成一定的语音意识。①

如何帮助学生提升语音水平,通过语音这一关呢?

首先是模仿。模仿是练习语音的最好方法。学生可以从最基本的音素开始模仿,然后模仿专门的语音练习;有了一定的基础,就可以把语音、语调和听力练习结合起来;可以使用精读教材或专门的听力教材,也可以选用地道的英语材料,如《新概念英语》《走遍美国》等。

其次是要鼓励学生大声拼读生词、朗读课文、背诵精彩篇章。这样学生既可以养成良好的英语朗读习惯,培养较好的自学能力,也可以积累很多有助于今后进一步学习的知识。

最后是抓住机会与他人交流。教师在课堂上要让学生多说英语,这有助于教师帮助学生纠正读音,并指点方法;要鼓励学生课外多和同学进行交流,以达到正音和巩固的目的;如果条件允许,还可以督促学生与外教加强沟通。

只要学生能持之以恒,语音练习积累足够多,读出来自然会更流畅。

(二)词汇知识

词汇是一种语言中所有词和词组的总和。词是语言的建构材料,也是最小的能够独立运用的语言单位。词汇中的任何词语都通过一定的句法关系和语义关系与其他词语建立起一定的联系,并在语境中传递信息。学习词汇不只是记忆词的音、形、义,更重要的是在语篇中通过听、说、读、看、写等语言活动,理解和表达与各种主题相关的信息。学生在义务教育阶段已经掌握了 1500—1600 个常用单词和一定数量的短语,对于词的音、形、义三者之间的关系有了初步的认识。高中必修阶段要求掌握 2000—2100 个单词,选择性必修阶段要求累计掌握 3000—3200 个单词,而在提高类选修阶段,则要求累计掌握 4000—4200 个单词。高中阶段的词汇教学除了引导学生更深入地理解和更广泛地运用已学词汇外,重点是在语境中培养学生的词块意识,使其通过广泛阅读,进一步扩大词汇量,提高准确理解词汇、运用词汇和确切表达意义的能力。

在具体教学中,教师要引导学生利用词语的结构和文本的语境理解词语的意思,借助词典等资源,学习词语的用法,并大胆使用新的词语表达自己的观点。在日常教学活动中,教师要结合主题语境,不断地提高相关词语的复现率,其中包括教师自己的课堂教学话语和学生发言、对话、讨论的话语,比如,在小组活动前,教师提示相关词语运用的要求,有意识地促使学生在讨论中使用新学的词语。在学生学习词汇的过程中,教师可以根据主题,引导学生使用思维导图梳理词汇。在课堂上,教师要注意词块的呈现,帮助学生关注动词词组、介词词组、名词词组、形容词词组和副词词组的习惯搭配。

例 5

TOKNOW Magazine is a big hit in the world of children's publishing, bringing a unique combination of challenging ideas and good fun to young fans every month.(n. 成功而风靡或轰动一时的事物)

Find the exact grip that allows you to hit the ball hard.(v. 击打)

The cars are made for the home market.(adj. 国内的,本国的)

---

① 中华人民共和国教育部. 普通高中英语课程标准(2017 年版)[S]. 北京:人民教育出版社,2018:20.

Down from the roof of the house hung a slogan, reading "Welcome back home!" (*adv*. 回家)

Instead of only relying on his wife, he often shared the housework, making the comforts of home. (*n*. 家)

It's easy to say but hard to do. (*adj*. 容易的)

After decades of hard work, they have achieved a lot of wealth and now are living an easy life. (*adj*. 舒适的,轻松的)

分析:上述划线词汇多源于熟词,教师可以帮助学生通过阅读句子理解它们的延伸意义,培养他们的扩散性思维,从而进一步强化词汇的运用。

(三)语法知识

英语语法知识包括词法知识和句法知识。词法关注词的形态变化,如名词的数、格,动词的时态、语态等;句法关注句子结构,如句子的成分、语序、种类等。

高中阶段英语语法知识的学习是义务教育阶段语法学习的延伸和继续,学生应在更加丰富的语境中通过各种英语学习和实践活动进一步巩固和恰当运用义务教育阶段所学的语法知识,学会在语境中理解和运用新的语法知识,进一步发展和增强英语语法意识。[1]

例 6

The hero has been dead for many years, but he still lives in the heart of people.

As we all know, he feared neither death nor hardship and was dying for knowledge.

He died while saving a drowning boy.

分析:划线词汇涉及词形变化,教师可以要求学生参考句子内容并了解单词的不同形式及意义。

例 7

Then came the news that an English short film, which is a documentary film about the history of our school, will be shown in our school.

分析:这个长句很典型,涉及句子的复合结构,教师可以要求学生进行分析。主句 Then came the news,同位语从句 that an English short film will be shown in our school 说明 the news 的具体内容,非限制性定语从句 which is a documentary film about the history of our school 修饰 an English short film,同时 which 也指代前面的 an English short film。

例 8

Our team was defeated last night, which made us sad and disappointed.

分析:这个句子含被动语态和非限制性定语从句,定语从句引导词 which 指代前面半句话的内容。

---

[1] 中华人民共和国教育部. 普通高中英语课程标准(2017 年版)[S]. 北京:人民教育出版社,2018:23.

（四）语篇知识

语篇是表达意义的语言单位，包括口头语篇和书面语篇，是人们运用语言的常见形式。[1]

学习语篇知识是发展语言运用能力的基础。语篇知识在语言理解与表达过程中具有重要作用。语篇知识有助于语言使用者有效地理解听到或读到的语篇，比如，关于语篇中的立论句、段落主题句、话语标记句的知识可以帮助读者把握文章的脉络，从而提升阅读效果。在口头和书面表达过程中，语篇知识有助于语言使用者根据交流的需要选择恰当的语篇类型，设计合理的语篇结构，规划语篇的组成部分，保持语篇的衔接性和连贯性。[2]

语篇是语言学习的主要载体。语言学习者主要是在真实且相对完整的语篇中接触、理解、学习和使用语言，因此语言学习不应以孤立的单词或句子为单位，而应以语篇为单位。教师应该有意识地介绍有关语篇的基本知识，帮助学生形成语篇意识，把握语篇的结构特征，从而提高理解语篇意义的能力。同时，教师要引导学生充分利用语篇知识有效地获取和传递信息，表达观点和态度，达到运用语言与他人沟通和交流的目的。[3]

例 9

Color is fundamental in home design—something you'll always have in every room. A grasp of how to manage color in your spaces is one of the first steps to creating rooms you'll love to live in. Do you want a room that's full of life? Professional? Or are you just looking for a place to relax after a long day? Whatever you're looking for, color is the key to making a room feel the way you want it to feel.

Over the years, there have been a number of different techniques to help designers approach this important point. While all of them are useful, they can get a little complex. But good news is that there're really only three kinds of decisions you need to make about color in your home: the small ones, the medium ones, and the large ones.

Small color choices are the ones we're most familiar with. They're the little spots of color like throw pillows, mirrors and baskets that most of us use to add visual interest to our rooms. Less tiring than painting your walls and less expensive than buying a colorful sofa, small color choices bring with them the significant benefit of being easily changeable.

Medium color choices are generally furniture pieces such as sofas, dinner tables or bookshelves. Color choices in this range are a step up from the small ones in two major ways. They require a bigger commitment than smaller ones, and they have a more powerful effect on the feeling of a space.

The large color decisions in your rooms concern the walls, ceilings, and floors. Whether you're looking at wallpaper or paint, the time, effort and relative expense put

---

[1] 中华人民共和国教育部. 普通高中英语课程标准（2017年版）[S]. 北京：人民教育出版社，2018：26.
[2] 中华人民共和国教育部. 普通高中英语课程标准（2017年版）[S]. 北京：人民教育出版社，2018：27.
[3] 中华人民共和国教育部. 普通高中英语课程标准（2017年版）[S]. 北京：人民教育出版社，2018：28-29.

into it are significant. So it pays to be sure, because you want to get it right the first time. (2018年全国高考卷Ⅰ)

分析:本文主要讲述家装设计中颜色的作用,并从小、中、大三个层面介绍了每种类型颜色的定义及如何选择家中摆件、家具、墙壁和地板的颜色。从篇章角度讲,这篇文章属于"总—分—分—分"的结构,第一段首先就提出了颜色是家装设计中的基础,第二段引出了需要考虑的三个层面的色彩选择,后三段则分别解释了这三种色彩选择,文章结构特征明显。而后三段的段首句则充当了段落中心句。

(五)语用知识

语用知识指在特定语境中准确地理解他人意思和得体地表达自己思想的知识。掌握一定的语用知识有助于学生根据交际目的、交际场合的正式程度、参与人的身份和角色,选择正式或非正式、直接或委婉、口头或书面等语言形式,得体且恰当地与他人沟通和交流,达到交际的目的。因此,在英语作为国际通用语的背景下,学习和掌握一定的语用知识有利于提升高中学生灵活、有效运用英语的能力。[①]

如何帮助学生培养英语语用能力呢？在初级阶段,要着重引导学生练习用词的准确性和熟知句式的运用;在中级阶段,要让学生关注段落的结构和修辞方法的运用;在高级阶段,则要引导学生从作者的表达方式、篇章的结构等方面展开学习。这是我们对学生进行"语用"训练的基本依据。具体而言,我们可以从以下两个方面进行语用能力训练。

1. 合理补充教学内容,增加语言输入

著名语言学家克拉申(Stephen Krashen)认为,大量有效的语言输入(input)对促进学习者语言输出(output)能力的形成具有关键性的作用。而中学英语教学大纲也指出"按照语言学习规律,学生必须吸收相当数量的语言材料和经过一定量的语言实践,才能获得为交际运用英语的能力"。虽然现行的高中教材取材广泛,为学生提供了丰富的语言材料,但是要真正提高学生的语用能力,依靠单一的教材是远远不够的。教师要积极从各种渠道搜集真实有效的教学资料,增加语言输入,使学生从不同渠道、以不同方式接触和学习英语,从而进一步激发学生的学习兴趣,提高语用能力。语言输入主要包含听觉输入和视觉输入两个方面。

(1)听觉输入。现行的高中教材在每单元配有一份听力材料,内容形式各异,而且与该单元课文内容密切相关,但由于朗读者的变化相对较小,语音和语速也就有一定的局限性。因此,教师应该尽可能寻找一些语音、语调变化丰富的听力素材,而且这些素材不仅要难度适中,还必须具有实践性和趣味性。这样既可达到训练目的,又可提高学生学习英语的兴趣。例如,教师可以挑选一些与课文内容相关的新闻报道,也可以播放经典英文歌曲和英文原版电影的录音片段等。这些材料可以与课文内容结合使用,也可作为课外听力强化训练材料使用。这样一来,学生就可以接触到各种各样的声音,以及不同题材和体裁的语言材料。

(2)视觉输入。教师可选择与课文及作者有关的材料和其他融知识性、趣味性、思想性

[①] 中华人民共和国教育部. 普通高中英语课程标准(2017年版)[S]. 北京:人民教育出版社,2018:29.

于一体的读物，如国内外的英文报刊、网页、专题视频材料、英语电视、电影片段等，让学生在感受地道纯正的英语的过程中，既增加词汇量，扩大知识面，又增加了语言实践的机会。

2. 创设语境，为语言输出提供实践机会

语境是语言交际所依赖的环境。因此，教师应该在课堂内外尽量创设一些真实的语境，让学生充分获得语言实践的机会，提高语用能力。

在课堂上，教师应坚持用英语讲课，使整个课堂形成浓厚的英语氛围。在学生具有了一定的语用能力后，教师可以以所学单元的话题为基础，结合学生实际的社会交际情况，精心设计不同的活动任务，如角色扮演、讨论、游戏等，让学生通过活动来充分理解和运用基本的语用知识和技巧，从而培养和提高语用能力。例如，在学完 FIRST AID 的教材内容后，我们可以要求学生完成下面的交际任务：Suppose your friend gets burned and he/she needs first aid at once. Call 120 to ask for help. Make a dialogue between you and the operator, and try to get first aid treatment for your friend. 这种活动可以帮助学生在复习巩固课本知识的同时，把从课本所学的知识运用到实际生活中，让他们学会有效运用所学知识解决实际问题、完成特定任务。

四、文化知识

文化知识包含中外文化知识，是学生在语言学习活动中理解文化内涵、比较文化异同、汲取文化精华、坚定文化自信的基础。掌握充分的中外多元文化知识，认同优秀文化，有助于促进英语学科核心素养的形成和发展。①

文化知识涵盖物质和精神两个方面。物质方面主要包括饮食、服饰、建筑、交通等，以及相关的发明与创造；精神方面主要包括哲学、科学、教育、历史、文学、艺术，也包括价值观念、道德修养、审美情趣、社会规约和风俗习惯等。学习中外优秀文化，有助于学生在对不同文化进行比较、鉴赏、批判和反思的过程中，拓宽国际视野，理解和包容不同文化，增强对中华优秀传统文化和社会主义先进文化的认识，形成正确的价值观和道德情感，成为有文明素养和社会责任感的人。②

例 10

University life is in no way cheap in Canada. It costs Peter Kemp, a computer science major at the British Columbia Institute of Technology in Vancouver, C＄18,000 a year.

Amazingly, the 21-year-old is covering the cost by himself.

For the past three years, Kemp has done a range of part-time jobs to pay for his tuition and living expenses. Last semester alone, he worked five jobs for 32-40 hours a week. Life is busy, but Kemp enjoys it.

"Doing part-time jobs gives me economic independence," said Kemp, who will begin his senior year this fall. "Having economic independence gives me the ability to take

---

① 中华人民共和国教育部. 普通高中英语课程标准(2017年版)[S]. 北京：人民教育出版社，2018：31.
② 中华人民共和国教育部. 普通高中英语课程标准(2017年版)[S]. 北京：人民教育出版社，2018：32.

control of my life and make my own decisions," said Kemp, "It has also helped me understand the value of money."(《21世纪报》电子版第764期)

分析:这段文章介绍Peter Kemp在读大学期间如何通过兼职工作来养活自己并支付学费和其他开销。在遇到类似文章时,教师可以向学生介绍西方文化中青少年的金钱观,他们一般倾向于在中学毕业后(约18岁)离开父母独立生活,因此他们会利用假期打工来赚取大学学费,或在读大学期间兼职挣钱,这一过程实际上培养了他们的独立精神、参与竞争的能力和自我掌控意识。

文化知识的教学应以促进学生文化意识的形成和发展为目标。学生进行文化学习时,不仅需要积累文化知识,还需要深入理解语言材料的精神内涵,并将优秀文化进一步内化为个人的意识和品行。

五、语言技能

语言技能是语言运用能力的重要组成部分。语言技能包括听、说、读、看、写等方面的技能。听、读、看是理解性技能,说和写是表达性技能。理解性技能和表达性技能在语言学习过程中相辅相成并相互促进。学生应通过大量的专项和综合性语言实践活动,发展语言技能,为真实语言交际打基础。[1]

英语课程标准强调语篇的概念和对语言技能的综合运用。语篇是表达意义的基础,不论是理解还是表达,都靠语篇来实现。在语言运用过程中,各种语言技能往往不是单独使用的,理解性技能与表达性技能可能同时使用。因此,在设计听、说、读、看、写等教学活动时,教师既要关注具体技能的训练,也要关注技能的综合运用。在综合性的语言实践活动中,教师要关注学生的生活经验和认知水平,选择既有意义又贴近学生生活经验的主题,创设丰富的语境或场景,激发学生参与学习和体验语言的兴趣,以使他们能够在语言实践活动中思考与再现个人的生活,表达个人的情感和观点,在发展语言技能的同时,提高分析问题、解决问题、批判与创新的能力。[2] 另外,对于语言技能的培养,还要注意课内与课外相结合。课内的听、说、读、看、写等教学活动重在培养兴趣,指点方法,提供示范,训练思维。课外的学习活动旨在开阔视野,增强兴趣,运用技能,促进自主学习和养成良好的学习习惯。[3]

六、学习策略

学习策略主要指学生为促进语言学习和语言运用而采取的各种行动和步骤。学习策略的使用表现为学生在语言学习和运用的活动中,受到问题意识的驱动而采取的调控和管理自己学习过程的行为。有效使用学习策略有助于提高学生学习英语的效率和效果,有助于学生养成和发展自主学习的习惯和能力。学习策略的使用还具有迁移性,有助于促进学生

---

[1] 中华人民共和国教育部.普通高中英语课程标准(2017年版)[S].北京:人民教育出版社,2018:35.
[2] 中华人民共和国教育部.普通高中英语课程标准(2017年版)[S].北京:人民教育出版社,2018:39.
[3] 中华人民共和国教育部.普通高中英语课程标准(2017年版)[S].北京:人民教育出版社,2018:40.

终身学习能力的发展。

学生在学习和运用英语的过程中常用的策略包括：元认知策略、认知策略、交际策略和情感策略等。其中，元认知策略指学生为了提高英语学习效率，计划、监控、评价、反思和调整学习过程或学习结果的策略；认知策略指学生为了完成具体语言学习活动而采取的步骤和方法；交际策略指学生为了争取更多的交际机会、维持交际以及提升交际效果而采取的策略；情感策略指学生为了调控学习情绪、保持积极的学习态度而采取的策略。通常这些策略可以组合运用，以解决学习中较复杂的问题。[①]

发展学生运用学习策略的能力是提高学生学习能力的主要途径，是教学的重要内容，也是英语学科核心素养培养的重要组成部分。教师在教学中应重视对学生学习策略的培养，有意识地引导学生学习并尝试使用各种不同的学习策略，逐步形成适合自己的学习方法；教师要注意指导学生学会规划自己的学习，适时反思学习的效果，在学习过程中调控自己的情感，利用多种资源开展学习活动；帮助学生在语言实践活动中通过有效运用各种学习策略，提高分析语言和文本结构的能力，理解与沟通的能力以及创建文本的能力。[②] 只有当学生学会选择并能够调节自己对策略的运用，他们才能成为真正的自主学习者，并最终成长为具有终身学习能力的学习者。

学习策略的形成是一个循序渐进的过程。教师要培养学生的策略意识，突出策略训练的过程，保证策略使用的效果。教学过程完成后，教师要引导学生反思自己的策略使用是否适当，鼓励学生与他人讨论、分享经验，从而发现自身的不足，找到最恰当的学习策略。

总之，课程内容的六个要素是一个有机关联、统一的整体，它们相互渗透、相互融合、相互促进、相互转化。课程内容以主题语境为引领，将语篇类型、语言知识、文化知识、语言技能和学习策略诸要素整合，由一系列相互关联的、具有实践性和综合性的活动串联起来，力求通过活动实现核心素养目标和课程总目标。

第三节 英语课程资源

英语课程资源是英语教与学有效实施的重要保障，而英语课程资源的开发与利用则是促进英语课程改革、推进有效教学、实现既定课程目标的重要技术支撑。[③]"开发课程资源，拓展学用渠道"已成为教师进行课程资源开发与利用的指导性理念。教育部颁布的《义务教育英语课程标准（2011年版）》明确表示学校与教师要考虑全体学生发展的需求，积极开发和利用教学资源，提供贴近学生、贴近生活、贴近时代的英语学习资料；创造性地开发和利用现实生活中鲜活的英语学习资源，积极利用音像、广播、电视、书刊、网络信息等，拓展学生学习和运用英语的渠道；为学生创设真实情境，引导学生通过体验、实践、探究和合作等方式，

---

① 中华人民共和国教育部. 普通高中英语课程标准（2017年版）[S]. 北京：人民教育出版社，2018：41.
② 中华人民共和国教育部. 普通高中英语课程标准（2017年版）[S]. 北京：人民教育出版社，2018：44.
③ 教育部. 基础教育课程改革纲要（试行）[J]. 人民教育，2001(9)：6-8.

发现语言规律,逐步掌握语言知识和技能,不断调整情感态度,形成有效的学习策略,发展自主学习能力。①《普通高中英语课程标准(2017年版)》更进一步指出英语课程旨在发展学生的语言能力、文化意识、思维品质和学习能力等英语学科核心素养,落实立德树人的根本任务,并就这一目标明确课程实施环节的责任主体和要求,对课程标准、教材、规划和资源建设等方面提出了相应要求,明确指出要改善教学条件,开发多种形式的英语教学资源,特别是将信息网络资源融入英语课程资源体系,科学地组织和开展线上线下混合式教学,积极建立课程资源库,推动各地各校资源共享,拓宽学习渠道。② 为了充分利用好现有的英语课程资源,不断开发出适合学生的课程资源,本节将从其内涵、分类、开发与利用三个方面帮助大家进一步了解英语课程新资源。

一、英语课程资源的内涵

不同的研究者,由于研究目的、角度不同,对课程资源的定义也不同。有学者认为,课程资源是供给课程活动且满足课程活动需要的一切资源,包括素材性课程资源和条件性课程资源。有些学者认为,课程资源可从广义上界定为有利于实现课程目标的各种因素,狭义上界定为形成课程的直接因素来源。还有些学者认为课程资源涵盖了课程设计、实施、监控、评价等整个课程编制过程中所有可利用的人力、物力及自然资源的总和,包括教材、学校、家庭及社会中所有利于提高学生素质的各种资源。③ 综合以上几种观点,我们可以大体将英语课程资源界定为英语课程设计、实施、监控、评价等课程制定过程中任何可利用的人力、物力及自然资源的总和,其中人力资源主要包括英语教师(包括母语或第二语言为英语的外籍人士)、学习者本人、英语学习者同伴群体;物力资源涵盖所有贴近学生、贴近生活、贴近时代的英语学习资源,如教科书、音像、广播、电视、书刊、网络信息、图书馆、博物馆、展览馆、各种标牌广告以及商品使用说明书等;自然资源主要包括自然风光、文物古迹、风俗民情等。从我国目前的三级课程管理的政策来看,上述罗列的英语课程资源可划分为三个层面,即国家英语课程资源、地方英语课程资源和学校英语课程资源。国家英语课程资源涵盖国家有关部门制定和颁布的英语学科相关的政策性资源,如各级别的英语课程标准,教育部颁布的有关英语师范生培养规定等;地方英语课程资源依托本地独特的社会风貌,着眼于英语课程的本地化与特色化,强调继承与发扬地方文化的资源;学校英语课程资源具体指教师、学生、同伴等语言教与学的经验、教材、学校教学设施、校园文化等。④

二、英语课程资源分类

从上述内涵来看,英语课程资源非常丰富,按照不同的标准,其分类也多种多样。根据

---

① 中华人民共和国教育部. 义务教育英语课程标准(2011年版)[S]. 北京:北京师范大学出版社,2012:2.
② 中华人民共和国教育部. 普通高中英语课程标准(2017年版)[S]. 北京:人民教育出版社,2018:1-4.
③ 吴刚平. 课程资源的理论构想[J]. 教育研究,2001(9):59-63,71.
④ 范兆雄. 课程资源概论[M]. 北京:中国社会科学出版社,2002:16-19.

英语课程资源的定义,我们可将其分为课程设计资源、课程实施资源、课程评价资源。课程设计资源主要涵盖背景分析、需求分析、各项政策法规、各级课程目标,英语与母语的差异研究,学生的语言水平、教育背景、学习目标、学习方法、学习风格等一系列影响英语课程设计的因素;课程实施资源则主要包括教材、教案、教具(含多媒体设备)等促进英语教学的材料与设备;课程评价资源则是根据英语学科的课程目标及教学目标编订与实施的科学的方法,以判定课程设计的效果且据此做出决策,这些方法包括但不限于入学定级评测、短期成果评估、诊断性评估、水平评估、总结性评价、形成性评价。[1]

就英语课程的标准来看,英语课程资源大体可分为物质资源(显性资源)与非物质资源(隐性资源)两类。物质资源包括学生课本、教师用书、练习册、黑(白)板、多媒体设备、多媒体教室、语音室、教学音像资料等有形的教学材料及设备。非物质资源则包括教学经验、思想、观念、教学制度、环境、氛围、校园文化等无形的资源。

吴刚平将课程资源分为素材性资源和条件性资源两个大类及若干个小类,其中,素材性资源的特点是作用于课程,并且能够成为课程的素材或来源,它是学生学习和收获的对象。比如,知识、技能、经验、活动方式与方法、情感态度和价值观以及培养目标等方面的因素,就属于素材性课程资源。条件性资源的特点是作用于课程却不是形成课程本身的直接来源,也不是学生学习和收获的直接对象,但它在很大程度上决定课程的实施范围和水平。比如,直接决定课程实施范围和水平的人力、物力、财力、时间、场地、环境等因素,就属于条件性课程资源。在这一分类的基础上,素材性资源可进一步细分为外在物化形态的素材性资源和内在生命化形态的素材性资源。前者指知识、信息等物质载体,可以外在于人的活动而存在;而后者指主体交往活动中动态生成的经验、感受、问题和智慧等。[2]

除以上分类之外,英语课程资源可按照其分布不同,分为校内课程资源和校外课程资源;根据其性质,可分为自然课程资源和社会课程资源;根据其物理特征和呈现性质,可分为文字资源、实物资源、活动资源和信息化资源等。无论英语课程资源按照什么标准分类,我们在借鉴不同的分类体系时,需要将英语学科的特点和需要,国家、地方和学校指定的课程标准,以及教师和学生具体的教学情境作为课程资源选择的依据。

三、英语课程资源的开发与利用

(一)英语课程资源的开发与利用存在的问题

首先,在前面的内容中,我们已经了解了英语课程资源的开发与利用的重要性,以及学界和一些一线教师取得的一些教学成果,但是在实施过程中,因缺乏基础研究和理论指导,一线英语教师及教研人员大多以经验交流和心得体会总结等主观色彩较浓的形式对课程资源进行开发和利用,未能将其上升到理论层面。[3] 英语学科与其他学科在教学方面既有共

---

[1] Macalister J, Nation I S P. Language Curriculum Design[M]. New York: Routledge, 2019.
[2] 吴刚平. 中小学课程资源开发和利用的若干问题探讨[J]. 全球教育展望, 2009(3):19-24.
[3] 程晓堂. 课程改革背景下英语课程资源的开发和使用:问题与建议[J]. 课程·教材·教法, 2019(3):96-101.

通性，也有独特性。英语课程资源从内涵、分类、开发与利用等方面都可以借鉴教育学界相关的研究成果，但是究竟如何提高英语教学效能？选用什么类型的英语课程资源来提高教学效能？是拓展阅读资源还是基于教案、练习题、考试题、教材解读辅导资料更能提升英语教学效果？这些问题都有待我们做出解答。

其次，在英语课程资源开发与利用的过程中，我们对其内涵掌握得不够准确，经常会忽视一些非物质资源或者隐性资源，过多地注重或者局限于教材。现如今，英语学习资源愈加丰富，但是英语教学还是围绕教材开展课堂教学活动和课后活动与练习，尤其是一些一线教师在开发和利用英语课程资源时，往往以教材为底本，补充、删减或修改一些不适合教学的内容与设计，于是，这些开发与利用的英语课程资源就变成了适应教材的辅助资料，而诸如个体经验、感受、理解、创意、方法等隐性资源则被搁置。① 教材的确是重要的课程资源，但其仅是课程资源的一部分，我们在开发与利用英语课程资源时应该考虑激活教材所包含的知识，让知识活起来，使学生真正理解课程内容的内涵与本质，而不是被教材束缚，找不到开拓课程资源的方向。

最后，面对种类繁多的课程资源，许多教师无法确定所选择的资源是否具有利用价值，或未能将其价值完全发挥出来。我们在做选择的时候经常会走入误区，认为只要是能够激起学生兴趣与热情的内容，都可以用来教学。例如，我们在讨论 TV Show 这个主题时，不断地给学生展示不同类型电视节目的海报，甚至播放这些节目的视频。诚然，学生会感兴趣，觉得自己从"无聊"的课堂学习中解脱出来，但是，这是否占用了太多时间与精力？是否偏离了我们的教学目的？学生们看了这些海报和视频之后，学到了什么？在选择课程资源的时候，我们需要对课程目标和教材主题进行科学分析，关注具体的教学目标和情境，关注教材与学生、教师之间的相关性与适合性，进而做出合理的选择。

（二）英语课程资源的开发与利用的原则与策略

英语课程资源的开发和利用基本聚焦于三个主要的问题：选什么？如何选？怎么做？我们在前文关于英语课程资源的内涵与分类部分已经对"选什么"的问题做了相关讨论，本部分我们聚焦于后两个问题。

1. 如何选——确定英语课程资源的筛选原则

在开发与利用英语课程资源的过程中，我们应该本着开放的心态审视周围所有的事物，不局限于教材、课堂和学校，尽可能开发与利用有利于英语教学活动的一切可能的课程资源。但是，面对所有可能的课程资源，我们不能全盘接收，需要遵循以下基本原则：优先性原则、适应性原则、科学性原则和本地化原则。

第一，优先性原则。《普通高中英语课程标准（2017年版）》指明，高中英语课程总目标是促进学生核心素养的发展，培养具有中国情怀、国际视野和跨文化沟通能力的社会主义建设者和接班人。这一总目标的要求并非学校教育所能包揽的，因此，必须在所有的课程资源内充分考虑英语学科的独特性，精选出对学生终身发展具有重大甚至决定性作用的课程资源。假如我们想培养学生建设性地参与社会生活，尤其是提升其跨文化交际的各种能力，则

---

① 彬彬，孔凡哲. 试析教师开发利用课程资源的实践困惑[J]. 中国教育学刊，2014 (11)：68-72.

需要对具备与养成这些能力所必需的知识、技能以及素质相对应的素材性资源以及条件性资源进行优先选择,尤其是对直接促成这些能力的情境资源给予优先权。

第二,适应性原则。英语课程资源的开发与利用必须在明确课程目标的前提下进行,要认真分析选择各类英语课程资源,认识和掌握其性质和特点,使之既能适应学生群体语言学习与身心发展的需要,也能适应教师教学资源储备和教师自身专业发展的需要,还能强化师生情感体验,提高课堂教学效益。同时,针对学生个体特殊情况,应具体问题具体分析,给出最优方案,给予系统指导。因此,在课程资源的开发与利用过程中,应该通过问卷调查、分组访谈等方式倾听师生的心声,综合他们的意见与建议,自主开发利用新的资源。

第三,科学性原则。英语课程资源的开发与利用必须符合英语学科课程标准的要求,与课程改革的其他环节协同发展,符合新的教育教学理念,具有明确的课程与教学目标,所开发与利用的资源(尤其是涉及事实性的知识)必须是全面、准确、真实且客观的。我们要勇于打破将教学等同于传递知识的思维定势,打破对教材的迷信,合理构建课程资源的体系和功能,更要宽容学生对课程资源的质疑并认可其批判精神,培养他们的自主创新意识和独立人格。

第四,本地化原则。英语课程资源的开发与利用应该从实际出发,发挥地域优势,强化学校的英语特色,结合学校整体发展以及本校教师专业发展的特点,对当前的课程资源进行占有、筛选、重新组织,并按照本校学生学习的实际需求不断进行调整。尤其是对于农村地区的中小学,我们不能一味生搬别的地区的优秀资源,应该立足当地的英语教学特色,充分发掘和有效利用校内课程资源,广泛利用当地社会资源(图书馆、博物馆、政府机关、青少年活动中心等),以及网络资源和独特的自然资源,依托新农村建设与乡村振兴战略,开发出具有社会主义新农村特色的英语课程资源。

2. 怎么做——英语课程资源的开发与利用策略

课程资源的开发不仅仅是学科教学实践的前期材料准备,它还更多地体现为在课程实施过程中激发不同课程要素的能量,以及这些课程要素之间相互作用而形成的课程情境。这是一个系统化的过程,涵盖全局规划、整体设计、多元参与、组织支持,同时也离不开现代网络信息资源与校本课程资源开发的支持。因此,我们将从系统化、网络化和校本化这三个维度来讨论英语课程资源的开发与利用策略。[①]

(1)英语课程资源开发与利用的系统化。严格来说,英语课程资源的系统化开发与利用涵盖了课程设计、实施、评价资源的内容,还包括校本化、网络化的部分课程资源。例如,通过教育部审查的各套教材及其配套的教学参考书、教学课件、软件和其他教学工具,课堂教学实录、专题研讨的论文;本校、本教研组和备课组在教学过程中形成的教学设计、教案、课堂实录、试卷、作业设计、教学论文、教学创意、教研成果,学生作业、学生合作探究学习的成果,学生学习差异性的表现,校本研修,社会提供的各种学习和实践环境等动态生成的校本资源;同时还包括教育部新课程远程研修的网络课程,相关网站上现存的大量教学视频、文本资料以及一些及时更新的资讯资源等。所以,在进行英语学科课程资源开发与利用时,需要关注以下三个方面的内容。

---

① 苏尚锋. 学科课程资源开发的三个视角及其理性分析[J]. 课程·教材·教法,2011(6):3-8.

第一,遵循英语学科课程构成的内部规律,从其内容框架、课程实施的步骤和方法、课程结构组成单元、课程规划目标分解以及课程评价的规则类型出发,构建起支撑整个学科课程实践的资源体系。第二,英语课程资源的开发与利用需关注资源的配套性特征。任何学科课程资源的建设都是以本学科的课程标准来构建课程的核心资源。英语教材是英语课程的核心资源,我们在教材的基础上逐层向外增补相应的配套性资源,如教师用书、练习册、活动册、音像带、多媒体光盘、配套读物等。第三,英语课程资源的开发与利用需注重具体的教学环节中的支撑性资源。在英语教学实践过程中,有些环节对特定课程资源有较高的依赖性,与开发主体(教师)和开发的紧迫性密切相关,教师需要在具体教学实践中依据教学内容、情境和学生反馈进行反思,对教材及配套资源做出适当的增删、替换等调整。①

(2)英语课程资源开发与利用的网络化。英语学习不能仅仅局限于教材及其配套练习,要将信息网络资源融入英语课程资源体系,科学地组织和开展线上线下混合式教学,积极建立课程资源库,推动各地、各校资源共享。在现代信息技术高速发展的背景下,英语课程资源的网络化开发与利用是以技术为载体实现校内外资源的开发、整合与利用。这一模式在一定程度上突破了传统课程的狭隘性与时空的局限性,扩大了课程实施的范围,提高了课程实施的水平。最重要的是,信息技术的模拟功能可以提供实践或实验的模拟情境和操作平台。因此,英语课程资源的网络化开发与利用并非单纯的工具性装载或者技术型转换,它意味着课程资源本身形式的多样化,开发方式与利用方式的便捷化,课程资源内容的交互性,课程主体参与的多元化,以及课程资源建设中的民主化。所以,在对英语课程资源进行网络化开发与利用时应注意以下几点。

第一,确定网络信息资源审查标准,建立英语课程资源的元数据库。网络信息资源浩如烟海,但良莠不齐,我们在开发利用的过程中,需要根据教育部最新的课程标准、校内外课程资源平台建设的资源标准以及具体教学目标、内容、情境要求等多方面因素,进行甄别与利用。

第二,着眼于课程资源共享平台的建设与利用。目前网络上已经出现了非常多的资源共享平台,如国家教育资源公共服务平台、中国名师网、中国教师研修网、教视网、自主学习中心和家校互动平台等。这些网络平台可以实现线上资源和线下资源互补,不同地区、学校资源共享,充分发挥优秀教育资源的示范作用,加强教师之间的交流与合作。

第三,积极促进线上、线下融合式教学,整合虚拟教室与实际课堂。近年来,腾讯课堂、钉钉、网易云课堂、外研社U讲堂等在线教学平台逐步走向大众,打破了师生的时空局限,创新了英语课堂教学模式。在这种新的教学模式中,教师可以提前设置好各种论题,组织多元、多层次的自主性活动,并为这些活动提供支撑性资源,让每一位学生都有机会参与活动,展示自己;学生可以通过平台记录功能进行回看,与老师和同学进行实时或延时沟通,提高师生、生生互动的质量。同时,师生还可将虚拟课堂中的讨论成果与分歧带入现实课堂,利用现场效应,及时解决与英语学习相关的问题。

(3)英语课程资源开发与利用的校本化。英语课程资源的校本化建设是完成课程计划、达成课程目标、提升课程品质、实现课程价值的关键环节。课程资源开发的系统化、网络化

---

① 张廷凯.基于课程资源的有效教学研究[J].课程·教材·教法,2012(5):3-5.

都是为课程资源的校本化开发与利用提供框架基础、质量保障和技术支撑。在学校英语教学实践中,应该坚持校内课程资源的自主开发和二次开发为主,校外丰富多彩的课程资源开发与利用为辅,并将二者有效整合。这些校内资源包括本校师生、教材及教辅资料、教案、课堂实录、试卷、作业设计、教学论文、教学创意、教研成果、学生作业、教学设施等,校外资源包括家长、教研部门、广播、电视、书刊、网络信息、图书馆、博物馆、展览馆、各种标牌广告、商品使用说明书、自然风光、文物古迹等。教师作为开发与利用校本资源的主体,需要基于本校英语教学的实际情况和发展需求对当前存在的课程资源进行审视后,采取不同形式加以改进与开发。在此过程中,应该重视以下五个方面的内容。

第一,坚持学生的教学主体地位,以学生学习为主。课程资源的校本化开发与利用需要掌握学生英语习得的规律和现状,了解学生群体与个体的心理发展特点、语言水平、教育背景、学习目标、学习方法、学习风格,尽可能站在学生的立场,从学生的兴趣与经验出发,精选包含学生终身学习必备的基础知识与技能,并具有多样性、趣味性、探索性的教育内容。

第二,以实际教学需求为导向,合理利用教材。英语教材是英语课程的核心资源,但是教材中的学习资源是有限的,教师不能生搬硬套。因此,教师必须发挥自身的主观能动性,根据英语课程标准的内容,结合社会实际、具体教学情境、学生的个性化需求,对教材进行二次处理,适当地补充和删减教材内容,替换教学内容与活动,调整教学顺序与教学方法,挖掘其他潜在资源,整合新的课程材料,积累个人课程资源,提高教学质量。

第三,结合本地自然条件与历史内涵,挖掘潜在的英语课程资源。课程资源的校本化开发与利用要充分关注校内外的潜在资源,结合本地的自然资源与社会文化内涵,构建独具特色的英语课程体系。校内外生活的诸多因素都是潜在的课程资源,如师生互动过程中动态生成的知识、技能、方法、情感、态度和价值观,学校各项规章制度,校外公共图书馆、博物馆、教研机构等。只要这些资源能够支撑我们的教学目标与活动,就可以合理地对其进行开发和利用,比如,组织参观游览活动,让学生用英语向他人介绍当地自然人文景观,参加英语夏令营,聘请外教或外国专家学者来学校讲座等。这些都可以让学生发现生活中无处不在的英语资源,体验鲜活的英语运用情境,让英语学习落到实处。

第四,明确学校发展的基本定位,建设具有本校特色的英语课程资源体系。课程资源的校本化开发与利用是以学校为单位的,需要充分发挥学校的自主性与集体智慧,因时、因地制宜。为了使课程资源发挥其最大效益,学校需要对全校所有学科的课程资源进行规划和管理,立足本校教学实际,制定相应的规章制度,编写课程设计纲要。同时,学校也需要积极同其他学校建立交流与合作研讨机制,定期或不定期地开展经验交流与办学思想研讨,委派教师参加地区和全国的英语课程研讨会与教学竞赛。

第五,关注英语动态教学中生成的隐性资源,发挥教学主体的主观能动性。与许多能直接被纳入教学情境的显性资源相比,隐性资源都是以人的意识形态为核心的待开发的无形资源,包含师生甚至家长的思想观念、知识经验、态度能力等内容,它们需要被精心探究、深度挖掘、巧妙设计。因此,我们可以通过问卷、访谈、考试、课堂观察等不同方式了解师生在英语教学与学习中的观念、经验,注重教育机智的培养以及师生互动生成的即时性资源,在日常生活和教学活动中积累隐性课程资源。

课程资源并非一个静态的概念,对其的开发与利用也要随着社会发展、教学环节以及学

生认知而不断跟进。在这个动态过程中,需要理性处理网络信息资源,避免过于依赖信息资源而忽视师生交流互动所需要的主体性资源和情境性资源;明确政府、社会、学校、教师、学生都会不同程度地参与这个过程,但教师才是英语课程资源开发与利用的主体,因此,我们需要规避盲从权威的现象,提升教师专业自主能力,结合学校整体发展与本校教师专业发展的特点,着力于课程资源的校本化开发与利用,形成独具特色的精品课程。

案例

高中英语阅读教学的课程资源开发与利用①

新课改强调学生成为课堂学习的主人,注重学生通过体验和参与的方式获得知识。为了能达成这一目标,陕西省宜川县中学的老师们通过文献分析法了解英语课程资源开发与利用相关研究及现状,了解英语阅读课程资源开发的相关原则、特点、开发模式及方法;通过访问的方式了解学生对阅读资源的期待及兴趣;通过内容分析法对选定的具体阅读资源进行阅读和分析,了解阅读资源的话题、难易度、题材、文章结构、对学生的要求等;通过比较研究法对初步选定的资源进行比较,结合学生的兴趣、阅读技巧、话题的倾向性进行横向和纵向的比较。值得注意的是,学生全程参与此次阅读资源的开发与利用。具体实施步骤如下。

第一,教师先进行理论学习,提高个人理论认识,明确资源开发的特点、原则、模式与手段。

第二,教师通过访问,了解学生对阅读资源的期待,通过教材甄选、网络搜索、图书馆查阅、同行交流等途径初步选材。同时,教师组织学生主动地寻找、总结符合个人兴趣且有效的阅读资源。

第三,教师整合以上两类阅读资源后,通过比较研究法及内容分析法,对初步选定的资源以阅读策略、实际教学需求、学生具体情况为导向进一步甄选和分类。

第四,教师通过实验的方式将选定好的阅读资源融入课堂教学,记录和总结学生对不同阅读资源的表现与兴趣以及呈现的教学效果。

第五,教师及时分析研究情况,归纳总结哪种阅读资源更适合学生阅读,哪些内容更使学生感兴趣,哪些教学方式更适用于阅读课堂。同时,教师需记录和整理在整个开发与利用过程中的活动、教学案例等资料,形成较为系统的报告或论文,以便进一步探究。

第四节 英语课程评价

中学英语课程应建立以学生为主体,促进学生全面、健康而有个性地发展的课程评价体系。评价应聚焦于学生的英语学科核心素养的形成及发展,采用形成性评价与终结性评价相结合的多元评价方式,重视评价的促学作用,关注学生在英语学习过程中所表现的情感、态度和价值观要素,引导学生学会监控和调整自己的英语学习目标、学习方式和学习进

---

① 案例参考:曹媛敏,贺凯旋,周珂,等. 高中英语阅读教学中的课程资源开发与利用[C]//中国管理科学研究院教育科学研究所.《教师教育能力建设研究》科研成果汇编(第十卷),2018:5-9。内容有改动。

程。[1]

一、英语课程评价的概念

课程评价即对课程质量高低和课程功能发挥程度的价值判断,是实现课程目标的关键环节,在课程实施过程中发挥着教育导向和质量监控的作用,也是指导和帮助师生改进教与学的活动,以及不断提高教育质量的重要手段。[2] 课程评价包括课程需要、课程设计、教学过程、教材、学生通过课程学习取得的进步、课程政策等内容。课程评价为课程开发、课程改革提供有效的信息。

《简明国际教育百科全书》这样解释课程评价的概念:课程评价指的是研究一门课程某些方面或全部的价值的过程。根据课程这一术语的不同定义方法,课程评价的焦点或目标可能包括课程需要和(或)学生需要、课程设计、教学过程、在教学中使用的教材、学生成果目标、通过课程学习取得的进步、教师有效性、学习环境、课程政策、资料分配以及教学成果等内容。[3]

针对英语学科的课程评价,则是指对于开设英语课程质量高低和课程功能发挥程度的价值判断。它为改进英语课程中的教与学,提高英语教育教学质量提供保障。英语课程评价相应地包含了英语课程需要、英语课程设计、英语课堂教学、英语教材、通过英语课程所取得的进步、英语课程政策等。

评价是英语课程的重要组成部分。科学的评价体系是实现课程目标的重要保障。英语课程的评价应根据课程标准的目标和要求,实施对教学全过程和结果的有效监控。通过评价,让学生在英语学习过程中不断体验进步与成功,认识自我,建立自信,调整学习策略,促进自身综合语言运用能力的全面发展。评价应能使教师获得英语教学的反馈信息,对自己的教学行为进行反思和调整,不断提高教育、教学水平;同时,评价应能使学校及时了解课程标准的执行情况,改进教学管理,促进英语课程的不断发展和完善。

二、英语课程评价的内容

根据广义的课程评价的内涵,课程评价的内容包括课程决策和管理成效,课程开发、设计过程和课程整体系统,课程目标、课程材料、课程组织、课程实施及其结果等多方面的内容。

英语课程评价的内容包括英语课程决策及课程管理成效,英语课程开发、设计过程和英语课程整体系统,英语课程目标、材料、组织、实施及其结果等多方面的内容。

其中英语课程决策及其管理成效是比较宏观的两个方面。英语课程决策包括英语学科新课程改革的决策、英语教师个人做出的决策和行政管理方面对英语课程实施的决策三个

---

[1] 中华人民共和国教育部. 普通高中英语课程标准(2017年版)[S]. 北京:人民教育出版社,2018:3.
[2] 王本陆. 课程与教学论[M].3版. 北京:高等教育出版社,2017:50.
[3] 江山野. 简明国际教育百科全书:课程[M]. 北京:教育科学出版社,1991:168.

部分。英语学科新课程改革的决策主要在于确定什么样的课程方案和实施方法能够让人满意,哪些方面需要改进等;英语教师个人做出的决策在于判断学生在本学科中的特质,使学生了解自己在英语学科中的状况;行政管理方面对英语课程实施的决策是指判断英语课程在学校运行中发挥的作用和教师教学实施情况的好坏。管理成效方面的内容则是指直接地规定英语课程活动的管理活动,是教育管理工作中最重要的工作。对英语课程管理活动成效的评价,是进行课程改革和完善的基础。

课程开发、设计过程和课程整体系统是相对微观的层面,要求对该学科的课程开发过程中所采取的一切步骤的合理性都加以验证,包括英语课程计划和培养目标的一致性问题、学校该学科课程和社会要求之间的契合问题、学校课程和学生身心发展的关系问题等。

最具体的层面是对英语课程目标、课程材料、课程实施及其结果等方面的评价。评价英语课程目标主要是看它是否符合国家对本学科的教育宗旨和学校的培养目标,是否适合特定的教育水平和智力发展阶段的学生学习等。英语课程材料是为该课程实施服务的材料,评价英语课程材料是否恰当,主要是看它是否准备充分。评价课程实施包括对实施过程中的问题、影响因素以及课程实施结果的评价等。

总而言之,英语课程评价是一个多角度、大范围的工作,包含各个方面的内容。

三、英语课程评价的功能

课程评价的功能是多方面的,美国学者波斯纳认为课程评价的功能主要表现在以下几个方面。

(一)评估

在拟订一项课程计划之前,应首先了解社会和学生的需要,把它们作为课程开发的直接依据。这一任务可由评估来承担。

(二)课程诊断与修订

对正在形成的课程计划或教学计划进行评价,可以有效地找到其优缺点及成因,为修订提供建议。在这种反复的过程中,可使课程达到尽可能完善的程度。评价还可以诊断学生学习的缺陷,为矫正教学提供依据。

(三)课程比较与选择

对不同的课程方案,通过评价可以比较其在目标设置、内容组织、教学实施以及实际效果等方面的优劣,从整体上判别其价值,再结合前期的需要予以评估,就可以对课程做出选择。

(四)目标达成度的了解

对于一项实施过的课程计划,评价可以判定其结果,并通过与预设目标的比较对照,判断其目标达成的程度。

(五)成效的判断

一项课程或教学计划,在实施后究竟达到了哪些成效,可以通过评价全面衡量,做出判断。这种判断不同于对目标达成程度的了解,而是对效果的全面把握,包括对那些预设目标之外的效果的把握。

美国学者波斯纳认为,课程评价的两个基本功能是决定学生个体与决定课程。决定学生个体是指诊断、教学反馈、编班、改进、提供成绩证明和选拔;决定课程方面包括两个类型的决定,一个是关于如何改进课程的决定,另一个则是是否继续开设某种课程的决定。[①]

英语课程评价也是如此,其功能也是多方面的,主要包含以下几个方面。

1. 需要评估

在拟订英语课程计划之前,应该先了解社会及学生对英语学科的需求,将其作为英语课程开发的直接依据。这个任务可以通过评估来完成。

2. 课程诊断及修正

对正在形成中的英语学科课程或教学计划进行课程评价,可以有效地找到其优缺点及成因,为课程的修订提供建议。在这种反复的过程中,可使英语课程达到尽可能完善的程度。英语课程评价还可以诊断学生在本学科学习中出现的问题,为矫正英语教学提供依据。

3. 英语课程比较与选择

对不同的英语课程方案,通过评价可以比较其在英语学科的目标设置、内容组织、教学实施以及实际效果等方面的优劣,从整体上判别其价值,再结合需求评估,就可以得出英语课程各方案的优劣,从而做出最佳选择。

4. 英语课程目标达成程度的了解

已实施过的课程计划,可以通过课程评价判定其结果,并通过与预设的学科目标进行比较对照,以判断其目标达成的程度。

5. 英语课程评价成效的判断

英语课程或教学计划,在课程实施后究竟达到了哪些成效,可以通过评价全面衡量,做出判断。这种判断不同于对目标达成程度的了解,而是对实施效果的全面把握,包括对那些预设的英语学科目标以外的效果的把握。

英语课程评价的两个基本功能是决定学生个体与决定课程。决定学生个体是指诊断、教学反馈、改进、提供英语学科成绩证明和英语能力的认定;决定课程方面包括两个类型的决定,一个是关于如何改进英语课程的决定,另一个则是是否继续使用该英语课程方案的决定。

教师应时刻注重评价结果对教学效果的反馈作用,即对学生学习和教师教学的反馈作用。可以从以下方面进行反思:①评价是否促进了学生自主性的发展和自信心的建立?②评价是否反映了学生的学习成就?③评价是否反映了学生学习中的问题或不足?④评价是否反映了教师教学中的成功与不足?

---

① 乔治·J. 波斯纳. 课程分析[M]. 上海:华东师范大学出版社,2007:249-266.

教师要客观分析和认真研究评价结果,找出教学中存在的问题及产生问题的原因,及时调整教学计划和教学方法,并针对每个学生的具体情况及时提出建议,给予指导。

评价既是保证课程实施的重要手段,又是教学活动的有机组成部分。在教学过程中使用的各种评价方式应有利于教学活动的开展,有利于学生学习能力的提高;评价方式应简单易行,避免使用过于烦琐的程序干扰日常教学;应注重评价活动的质量和使用时机,让学生感到评价是积极的、有意义的学习活动;要防止评价流于形式或评价活动不当,使学生产生心理负担和厌倦情绪。总之,不能为评价而评价或以评价为目标进行教学。

中学各级别的评价要以课程目标为依据。对学生学习的评价应以课程目标及相应级别的教学目标为依据。七级、八级和九级的评价应在国家或省市教育主管部门的指导下进行。课程的评价由学校组织实施,以形成性和终结性相结合的方式进行。选拔性考试应依据本课程标准的要求,结合本地情况,确定适用级别,制定考试要求。

教师要努力探索适合不同目的的评价手段和方法。要有计划地开展英语评价的研究,鼓励建立有权威的专门从事英语考试和评价工作的机构,编制、实施和指导基础教育阶段的英语评价,有效发挥评价和考试的积极导向作用。

四、英语课程评价的原则

(一)体现学生在评价中的主体地位

学生是学习的主体,评价应以发展学生的综合语言运用能力为出发点;评价应有益于学生认识自我,树立自信;应有助于学生反思和调控自己的学习过程,从而促进综合语言运用能力的不断发展。教师应使学生认识到自我评价对于学习能力发展的意义,学会自我评价的方法,并在学习中积极、有效地加以运用,不断提高学习的自主性。在各类评价活动中,学生都应是积极的参与者与合作者。

(二)建立多元化、多样化和多维化的评价体系

英语课程的评价体系要尽可能体现评价主体的多元化,评价形式和内容的多样化,评价目标的多维化。评价应关注学生综合语言运用能力的发展过程以及学习的效果。

为了使评价有机地融入教学过程,应建立开放和宽松的评价氛围,鼓励学生、同伴、教师及家长共同关注和参与评价,突出学生的主体地位,发挥学生在评价过程中的积极作用,从而实现评价主体的多元化。

五、英语课程评价的类型

从不同的角度出发,英语课程评价可以划分为不同的类型。

(一)按照英语课程评价的主体进行分类

按照评价主体的不同,英语课程评价可以分为内部评价和外部评价。

1. 内部评价

内部评价也叫自评,是指由英语课程涉及的评价对象(课程设计者、英语教师以及学生等)作为主体的评价。它的优点在于:首先,所涉及人员了解本课程设计的需要,更容易取得所需的资料,促进英语课程的改进;其次,所涉及人员亲自参加了英语课程与教学的实施,对英语课程内容和实施状况有更深入的了解,能够切中要害,提出有价值的问题;最后,所涉及人员是实施过程中的相关人员,所以更能保证课程评价的时效性,以便及时做出相应的调整。

2. 外部评价

外部评价也被称为他评,是指由相关学科的评价专家、学者等作为主体的评价。英语课程评价中的他评则是由英语学科的专家、学者作为主体来进行的评价。它的优点在于:英语课程评价专家更了解评价的原理、设计、方法等,能够比较专业地把相关评价工作做好;相对于内部人员,外部人员能够相对客观地做出评价,可以避免一些主观原因导致的问题。

内部评价和外部评价是相辅相成的。在英语课程评价中,应该综合运用内部评价和外部评价,发挥各自的优点,尽可能地弥补各自的局限性。

(二)按照英语课程评价的进程进行分类

根据被评价对象发展的进程及不同时期的不同进度、目的和重点的实际情况,可将英语课程评价分成三类:诊断性评价、形成性评价、终结性评价。

1. 诊断性评价

诊断性评价是对事件进展过程中可能出现的一系列问题的诊断,即在事件进行之前或事件进展的某一阶段开始之前做出的评判,以求发现问题并确定下一阶段的任务。在英语教学中,不少学校或教师在进入新学期之初,会了解学生对学习新课程内容的兴趣、爱好、要求、期望、已有的知识水平、技能程度等,然后修订英语教学目标或做出必要的教学调整决策,如增减英语教材中的某些章节内容、调整课时、制作必要的辅助教具、收集资料等。

2. 形成性评价

形成性评价是指在事件的形成、发展过程中,或实施到一定阶段后,对事件做出的阶段性评判。它包括目标需求评价、方案设计评价、计划实施评价和价值推广评价等项目。在英语课程领域,形成性评价是指为改进英语课程计划所进行的评价活动。它是一种过程评价,目的是提供证据以便确定如何修订课程计划。它要求在课程设计的各个阶段不时地收集信息,以便在实际教学实施之前加以修正。形成性评价可以在课程设计阶段和早期实验阶段提供具体而又详细的反馈信息,以便课程编写者能及时了解出现的问题;也可以在教学阶段,检查学生是否能够有效地掌握某一特定的课程内容,或者提出为了达到教学目标还需进一步学习的内容。

形成性评价的任务是对学生日常英语学习过程中的表现、所取得的成绩以及所反映出的情感、态度、策略等方面的发展做出评价。其目的是激励学生的英语学习,帮助他们及时而有效地调控自己的学习过程,使他们获得成就感,增强自信心,培养合作精神。形成性评价有利于学生从被动接受评价转变为评价的主体和积极参与者。

形成性评价有多种形式,如英语课堂学习活动评比、日常家庭作业评定、课外活动参与及点评、学习效果自评、学习档案、问卷调查、访谈、家长对学生英语学习情况的反馈与评价、平时测验等。中学阶段形成性评价的任务应具有综合、语用、合作和思维等方面的特征,而不只是对简单的微观语言行为的评价。评价应更关注学生在完成综合性语言任务中表现出的自主收集信息和处理信息的能力,与人讨论、合作、沟通和协调的能力,以及有条理地展示任务成果的能力。形成性评价可采用描述性评价、等级评定或评分等评价记录方式。无论采用何种方式,都应注意评价的正面鼓励和激励作用。教师要根据评价结果与学生进行不同形式的交流,充分肯定学生的进步,鼓励学生自我反思和自我提高,并应注意与家长交流,争取家长的有效合作。

3. 终结性评价

终结性评价,又称总结性评价,是在课程计划进行或者实施之后对其效果做出价值判断。它是一种事后评价,目的是获得对所编写的英语课程计划的质量的一个整体、综合的看法。它通常在课程计划完成以后,或在一定范围内实施以后进行,以判断这项课程计划是否有效,并帮助决策者提供重要的信息。另外,终结性评价往往对后续课程具有诊断性评价的作用,期末考试、结业考试、教学活动过程有效性的评价,都是终结性评价的具体手段。终结性评价虽然通常是在课程计划结束之后进行的,但不能认为它只需要进行一次,事实上,它可以在英语课程教学过程的各个阶段结束时进行。

终结性评价注重考查学生的英语综合运用能力。终结性评价是检测学生综合语言运用能力发展程度的重要途径,也是反映教学效果和学校办学质量的重要手段之一。终结性评价必须以考查学生综合语言运用能力为目标,学段课程终结性评价可采用期末考试或结业考试等定量评价的方式,也可以采取项目报告、小论文、演示等形式,力争科学地、全面地考查学生在学习之后所达到的语言水平。考试应包括口试、听力考试和笔试等形式,全面考查学生的综合语言运用能力。口语测试应着重检测学生的表达与沟通能力和交际的有效性。听力测试在学期、学年考试和结业考试中所占的比例应不少于20%。听力测试应着重检测学生听力理解和获取信息的能力,不应把脱离语境的单纯辨音题或语法知识题作为考试内容。笔试也应避免单纯语音知识题和单纯语法知识题;增加具有语境的应用型试题的比例;适当减少客观题,增加有助于学生思维表达的主观题。不得公布学生考试成绩,也不得按考试成绩排列名次。

(三)按照课程评价的方法进行分类

1. 量性评价

量性评价是把复杂的教育现象和课程现象简化为数量,从数量的分析与比较中推断评价对象的成效,也可称为定量评价。量性评价追求对被评价对象的有效控制和改进,其目的在于把握课程量的规定性,也就是通过具体的数学统计、运算和量化分析揭示与课程相关的数量关系,掌握课程的数量特征和变化,从量的关系上对课程进行判断。评价过程实质上是一个确定课程计划实际达到教育目标的程度的过程。美国教育评价专家泰勒提出的"目标模式"(也称"泰勒原理")反映了这个过程,教与学被描述成高度控制、线性的可测试的活动。

量性评价将事实与价值分离开,强调课程需要严格控制,评价方法主要是对成功或失败、好或坏的量化，强调精确度、信度和效度。量性评价认为方法是为达到目标和获得事实而使用的技术。它用观察、实验、调查及统计等方法进行课程评价，对评价的严密性、客观性、价值中立提出严格的要求，力求得到绝对客观的事实。量性评价常用资料的形式对课程现象进行说明，采用逻辑和理性的方法、线性模式，探寻投入、实施过程和结果之间的联系。量性评价的方法简便易行，具有具体性、精确性和可验证性等特点，推进了课程评价科学化的进程，因而一直在实践中处于支配地位。

2. 质性评价

随着社会批判思潮的兴起，人们认识到评价不是一个单纯的技术问题，纯粹价值中立的描述是不存在的，因此，评价要对被评价对象的价值或特点做出判断，价值问题的重要性由此在评价领域凸显出来，从20世纪70年代开始，质性评价（即定性评价）逐渐取代量性评价。知识是学习主体通过不断建构和检验而形成的，因而对于不具有普遍意义的、脱离具体情境的抽象知识，不能用简单的对错加以判断，而是必须依据它在具体情境中发挥的作用。许多问题只能通过描述性、解释性的语言来解读。质性评价是通过自然的调查，全面充分地提示和描述评价对象的各种特质来突显其中意义的。

但质性评价不适用于所有普遍规律，其目的在于把握课程质的规定性，通过对课程广泛细致地分析，深入理解，进而从参与者的角度来描述课程的价值和特点。评价是为了增强课程规划的有效性，并使参与的每一个人受益。质性评价不强调在评价一开始就对评价问题进行理论假设，假设可以在评价过程中形成，也可以随着评价的进行而改变，因此质性评价本质上是一个归纳的过程。评价者把评价过程视为发现课程潜在价值的过程。这个评价过程加深了对教学本质、师生关系和行为、课程设计和性质、建构知识的性质和结构等的理解。质性评价最突出的特点是对人的尊重——评价者本人就是主要的评价工具，从评价对象的角度去解释评价对象及其行为的内部意义，所关注的是被评价对象自己的看法，尊重评价对象对自己行为的解释。但是，质性评价的评价者和评价对象都是人，因而会不可避免地受到各种主观因素的干扰，影响评价的信度和效度。评价者个人背景及其与被评价者之间的关系，会对课程评价的过程和结果产生较大影响，所以质性评价对评价者的要求很高。

（四）按照课程评价的指向进行分类

1. 内在评价

内在评价是对英语课程计划本身的评价，而不涉及课程计划可能有的效果。

2. 效果评价

效果评价是对英语课程计划实际效用的评价，它注重英语课程实施前后学生或教师所产生的变化，不考虑课程运作的具体状况、变化产生的原因等。

在英语课程评价中，提倡形成性评价与终结性评价相结合，即关注过程，以形成性评价为主；定性评价与定量评价相结合，以定性评价为主；他评与自评相结合，以自评为主。

每个学生的认知风格、学习方式及阶段性发展水平与他人是有差异的。在日常教学中，教师应注意根据学生的差异采取适当的评价方式，设计不同层次的评价目标，并允许学生自主选择适合自己的评价方式，以利于学生充分展示自身的优势，让水平不同的学生都能体验

成功。

六、英语课程评价的模式

课程评价模式是评价人员或研究人员在一定的理论指导下，针对特定的评价目的，对评价的范畴、内容、途径、过程和程序等做出规定，从而形成相对完整的评价体系。一般而言，一个完整的评价模式离不开一种或几种恰当而有效的方法，并且能够在收集各种数据和资料的基础上形成某种确定的标准，以此做出必要的价值判断。此外，每个评价模式都具有自己独特的功能，也都因此具有相应的使用范畴，它在满足使用者的某种目的时，也标识了自身的使用限度。这里简单介绍几种较为典型的英语课程评价模式。

（一）目标导向模式

目标导向模式是指以目标作为评价活动的核心的评价模式，这是在当前英语课程评价中仍处于主导地位的一种模式，其实施步骤包括：拟定教育的一般目的和具体目标；把目的和目标进行分类；用行为化的术语界定目标；建立有利于达成具体目标的情境；发展和选择适当的测量技术；收集学生行为表现的资料；将学生的行为表现与既定目标进行比较。

目标导向模式强化了英语课程与教学行为的目的性和计划性，通过结果与目标之间的比较，评价者可以清晰准确地判断学生的学习情况，提高评价的功效。该模式作为一个封闭的操作系统，工作程序简单、条件限制较少、操作性较强，易为大多数人掌握。但是，它强调结果和效率，忽视过程与方法，回避了教育的价值问题，束缚了学生的自由发展，更何况并非所有的行为都是可以量化的，由此看来，它的弊端也是显而易见的。

（二）CIPP 评价模式

CIPP 是背景评价（context evaluation）、输入评价（input evaluation）、过程评价（process evaluation）、成果评价（product evaluation）这几种评价的英文名称缩写。该模式包括四个步骤。

第一，背景评价，即要确定课程计划实施机构的背景；明确评价对象及其需要；明确满足需要的机会，诊断需要的基本问题，判断目标是否已反映了这些需要。背景评价强调，根据评价对象的需要，对课程目标本身做出判断，看两者是否一致。

第二，输入评价，主要是为了帮助决策者选择达到目标的最佳手段，而对各种可供选择的课程计划进行评价。

第三，过程评价，主要是通过描述实际过程来确定或预测课程计划本身或实施过程中存在的问题，从而为决策者提供修正课程计划的有效信息。

第四，成果评价，即要测量、解释和评判课程计划的成绩。它要收集与结果有关的各种描述与判断，把它们与目标以及背景、输入和过程方面的信息联系起来，并对它们的价值和优点做出解释。

(三)CSE 评价模式

CSE 即美国加利福亚大学洛杉矶分校评价研究中心(Center for Study of Evaluation)的简称。该模式包括下面四个步骤。

第一,需要评定。所谓需要评定,就是调查人们有何种需要,核心问题是确定教育的目标。

第二,方案计划。这一步的核心是对各种备选方案达到目标的可能性做出评价,它包括对课程内容与教育目标一致性方面的分析以及对设备、资金和人员配置方面情况的研究。

第三,形成性评价。这一步的重点在于发现教育过程的成功和不足之处,修正教学活动中某些偏离预期目标的地方,从而保证教育目标的实现。

第四,总结性评价。CSE 的总结性评价是对教育质量的全面调查和判断。

(四)外观评价模式

在继承和发展以课程目标为评价依据的泰勒评价原理的基础上,斯泰克以先在因素、实施因素和结果因素为支撑建立了教育评价的外观模式。

第一,先在因素。它是指教学的前提条件,通常指在教学之前已经存在的一定条件。包括教学之前学生的态度,如能力倾向、已有知识经验、学习兴趣,一般的教育目标,教育的材料等。

第二,实施因素。它是指教学中学生与相关的人、事、物的关联。例如,师生之间、同学之间的交流与互动,关于各种教学材料的提示,班级讨论,相关练习,测验管理等。

第三,结果因素。它是指教学所产生的全部影响,主要包括以下因素:学生从教学过程中获得的能力、成绩、态度;教学对教师、管理人员、辅导员的影响的测定;资料的消耗、教学环境的效益、费用等相关数据。

外观评价模式的建立为斯泰克进一步提出教育评价的"回应模式"奠定了基础。

(五)回应性评价模式

回应模式是斯泰克于 1973 年提出的。在此之前,斯泰克于 1967 年提出了外观评价模式,外观评价模式是对泰勒目标模式的批判与继承,也是一种目标取向的模式,直到 20 世纪 70 年代,斯泰克才从中解脱出来,开发出回应性评价模式。一些评价专家认为,外观评价模式是从目标模式向回应性评价模式过渡的桥梁。

回应性评价模式与把预定目标作为评价标准的模式不同,它牺牲某些测量上的准确性以换取对评价听取人的有用性,更关心方案的活动,更注意反应与方案有关的人员的意志,更突出人文关怀。这种模式共有十二个步骤:①与课程计划当事人商谈;②确定课程计划,评价范围;③从问题的宏观层面出发对评价活动做出概括说明;④通过与不同参与人员的商讨,找出评价的目标和重难点;⑤找出关键问题和基础问题,让问题概念化、具体化;⑥对各种问题反复探讨,确定所需要的资料;⑦选择观察对象和工具;⑧观察先在、实施和结果等因素;⑨准备描述或个案研究;⑩检验资料的有效性;⑪对各方人员进行筛选,并适当地进行组合;⑫搜寻或展示评价结果。

回应性评价模式把多元价值观引入评价系统,并提倡一种自然的、动态的评价方式,其结果更具有弹性和应变性,因此它更适用于多元的、复杂的世界。

七、英语课程评价的基本操作步骤

施良方认为,课程评价的操作过程是一个相当复杂的过程,该过程包括以下五个步骤:第一步是把焦点集中在所有研究的课程现象上;第二步是收集信息;第三步是组织材料;第四步是分析资料;第五步是报告结果。① 奥恩斯坦等认为,课程评价一般包括六个步骤:第一步是确定所在评价的课程现象;第二步是搜集信息;第三步是组织信息;第四步是分析信息;第五步是阐述信息;第六步是再循环信息。②

丁念金认为,课程评价至少应该包括评价的计划和设计,收集评价信息,整理资料和处理评价信息,以及报告评价结果四个步骤。评价的计划和设计的主要内容有确定评价目标、确定评价任务、分析受评价影响者、分析影响评价的环境因素、制订信息收集计划、制订信息分析计划、选择报告策略、制订评价管理计划、制定评价标准、制订课程评价的整体计划十个方面。③

参考各种课程评价步骤的说法,可以将整个步骤简化为以下四个步骤。

(一)准备阶段

首先,确定测量和评价目的,即解决为什么进行测评的问题。测评目的是测评活动的出发点。虽然教育测量和评价兼有多种功能,但教育的具体目标不同,或在教育过程的不同阶段,测评的侧重点并不相同。测评对象的确定和测评方法的选择,显然必须符合测评目的的需要。

其次,设计测量和评价指标体系,即按照测评所依据的标准和要求,具体规定将哪些因素作为测评对象,同时确定各个被测评因素的相对重要性程度;测评因素构成了测评指标的内容,测评因素的相对重要性程度则表现在指标的权重系数上。所有测评指标及其权重系数的集合,构成了测评的指标体系。指标体系的设计不只是准备阶段的工作,更是整个测评过程中的关键性工作。

最后,选择测量和评价方法,即根据测评目的和设定的指标体系的具体要求,选择搜集信息的方法和分析信息得出评价结果的适当方法。方法确定之后,就可以设计出测评的具体方案、步骤,准备所需要的测量和评价工具、表格、资料等,确定参加测评工作的人员并使他们明确自己的职责。

(二)搜集测量和评价信息阶段

按照设计好的指标体系和测评方案,系统、全面地搜集所需要的信息资料。教育测量和

---

① 施良方. 课程理论——课程的基础、原理与问题[M]. 北京:教育科学出版社,1996:166.
② 艾伦·C. 奥恩斯坦,费朗西斯·P. 汉金斯. 课程:基础、原理和问题[M]. 3版. 柯森,主译. 南京:江苏教育出版社,2002:359-360.
③ 丁念金. 课程论[M]. 福州:福建教育出版社,2007:462-473.

评价中常用的搜集信息资料的方法有测验法、观察法、谈话法、问卷调查法、个案研究法等。

(三) 分析、判断阶段

经过第二阶段所得到的信息资料，一般都是比较庞杂的、分散的，难以从中直接得出评价结论。因此，需要运用教育统计学原理，尽可能地利用计算机等现代化手段，对原始信息资料进行去粗取精、去伪存真的分析和加工处理，在此基础上，形成综合判断，获得评价结果。

(四) 测量和评价结果的综合利用阶段

按照测评目的组织实施的测评活动，其评价结果主要应当满足预先的需要；由于教育测量和评价具有多种功能，其结果在很多方面都能加以利用。一般来说，教育测量和评价结果可用于教育目标系统的优化、课程过程的改进、提供教育管理决策的依据和对测评过程及测评方法的改进等方面；还可以作为其他相关教育测量和评价活动所需资料的一部分。[1]

---

[1] 拉夫尔·泰勒.课程与教学的基本原理[M].施良方，译.北京：人民教育出版社，1994：97.

第二章
英语教学论

第一节　英语教学理念

国内外英语教学都有着比较长的历史，学者专家不断对教育教学实践经验和问题进行概括和总结，形成了丰富的教学理念。了解这些教学理念，有助于形成对英语教学的理论思考，从而指导英语教学实践。国外外语教学理念中有影响的主要包括语法翻译法、直接法、情景法、听说法、人本主义的教学法、交际语言教学法、自然法、任务型教学法、建构主义教学法等。① 我国借鉴国外的外语教学理念，先后引入语法翻译法、听说法、交际语言教学法、任务型教学法等教学理念。随着我国国情的变化，以及新课程理念的发展，我国的英语教学理念逐渐向多元化方向发展，从不同的视角诠释国内英语教学的全景。

一、语法翻译法

语法翻译法(Grammar Translation Method)又被称为语法法，起源于18世纪晚期的欧洲，来源于拉丁语的教学传统。在语法翻译法的教学实践中，语法被看成课堂教学的重点，背诵语法规则和词汇是主要策略，而翻译则是反复巩固语法的基本手段，授课内容以句子为单位进行，注重阅读和写作，忽视口语和听力。在课堂上，学生齐声朗读课文，并将课文翻译成母语，然后根据教师提出的一系列问题，用母语回答。教师会强调文章中的一些语法规则，并让学生做练习来巩固这些语法规则。完成语法讲解和练习后，教师再引导学生进入课文的阅读。学生所选用的学习材料一般是比较正式的文本。

语法翻译法的优势表现在以下四个方面。

第一，在课堂中采用适度的翻译，有利于外语教学，可帮助教师将有关的词汇知识和语

---

① 鲁子问. 英语教学论[M]. 2版. 上海：华东师范大学出版社，2009：13-14.

法体系讲解得清楚、透彻,使学生的翻译能力得到提升。

第二,外语教学将重点放在文章分析与理解上,能启发思维,训练智慧,有利于学生系统地掌握语法知识,能够培养学生的外语理解力和运用外语的能力,同时发展学生的智力。

第三,通过大量阅读、背诵原著,培养学生对外语文章的阅读能力。

第四,教会学生利用词典和语法书进行自学。另外,在一些师资短缺的地区,一位教师可以同时辅导数量较多的学生。

然而,其不足之处也广受批评。第一,语法翻译法过分偏重阅读写作能力的培养,忽视听说能力的培养,"听说"得不到应有的训练,因此,学生在实际交流活动中往往不能有效发挥所学语言知识的作用,不能全面提升学生运用外语进行交际的能力,特别是口语能力。第二,课堂管理多采用教师权威模式,教学是教师向学生灌输知识的单向行为。教学方式单一,教学气氛沉闷,只强调死记硬背,学生很少提问,他们之间的交流更少。这有碍学习主动性的发挥,有些学生会失去学习外语的兴趣,学习困难的学生往往会缺乏学好外语的信心。[1]

二、听说法

听说法(Audiolingual Method)形成于20世纪50年代,深受结构主义语言学和行为主义心理学的影响,以对话和操练为课堂基本要素,利用对比分析,强调先教听说后教读写。听说法教学需要注意以下几点:语言学习是机械的、重复的习惯形成的过程;口语形式的输入更能促进语言技能的习得;语言间的对比分析为语言学习提供基础单词应放置在句子或情境中学习。

听说法教学过程中的优势在于重视意义的传递,以句型为中心,反复操练。同时,该方法会借助直观教具或具体情境进行教学,学生在学习过程中接受度会不断提高。但是,听说法过度强调学生的听说能力,忽视学生的读写能力,句型操练脱离真实情境,片面强调机械的记忆和模仿,忽视了学生的交际能力的培养。

三、交际语言教学法

交际语言教学法(Communicative Language Teaching)形成于20世纪70年代初,主要受到以乔姆斯基、海姆斯、韩礼德等语言学家所提出的语言能力、语言运用、交际能力等理论影响,强调语言是表达意义的系统,语言的首要功能是交际,因此,培养学生的语言交际能力是语言教学的基本目标。[2] 在实践过程中,交际语言教学法综合考虑学习情境、学生年龄、语言水平、学习目标等因素,认为要尽可能地满足以下十个假设。

Ten Core Assumptions of Current Communicative Language Teaching

1. Second language learning is facilitated when learners are engaged in interaction and

---

[1] 范丛丛. 语法翻译法新解[J]. 兰州教育学院学报,2013(2):141-143.
[2] 鲁子问. 英语教学论[M]. 2版. 上海:华东师范大学出版社,2009:18-20.

meaningful communication.

2. Effective classroom learning tasks and exercises provide opportunities for students to negotiate meaning, expand their language resources, notice how language is used, and take part in meaningful interpersonal exchange.

3. Meaningful communication results from students processing content that is relevant, purposeful, interesting, and engaging.

4. Communication is a holistic process that often calls upon the use of several language skills or modalities.

5. Language learning is facilitated both by activities that involve inductive or discovery learning of underlying rules of language use and organization, as well as by those involving language analysis and reflection.

6. Language learning is a gradual process that involves creative use of language, and trial and error. Although errors are a normal product of learning, the ultimate goal of learning is to be able to use the new language both accurately and fluently.

7. Learners develop their own routes to language learning, progress at different rates, and have different needs and motivations for language learning.

8. Successful language learning involves the use of effective learning and communication strategies.

9. The role of the teacher in the language classroom is that of a facilitator, who creates a classroom climate conducive to language learning and provides opportunities for students to use and practice the language and to reflect on language use and language learning.

10. The classroom is a community where learners learn through collaboration and sharing.①

课堂内的交际活动将学生的语法学习与交际能力发展相结合，通过拼图活动、信息传递共享、观点分享、角色扮演等结对活动或小组活动，为学生创造真实的交际场景，提供有意义的互动和协商，激发学生的语言学习兴趣。

四、任务型教学法

20世纪80年代，任务型教学法（Task-based Teaching Approach）得到广泛的实践与研究。我国教育部在2001年颁布的《全日制义务教育普通高级中学英语课程标准（实验稿）》中便明确提出教师要通过创设接近实际生活的各种语境，采用循序渐进的语言实践活动，通过任务型语言教学途径，培养学生用英语做事情的能力。该理论认为语言的掌握程度体现于语言的日常使用中。在教学活动中，教师应当围绕特定的交际和语言项目，设计出具体的、可操作的任务，学生通过表达、沟通、交涉、解释、询问等各种语言活动形式来完成任务，

---

① Richards J C. Communicative Language Teaching Today[M]. Cambridge: Cambridge University Press, 2006: 22-23.

以达到学习和掌握语言的目的。

任务型教学法的设计原则包括以下几点。

（一）教学设计强调以学生为中心

任务型教学法的基本特征是"以任务为核心,以学生为中心,以教师为主导"。所有教学活动,从教学内容的选择到课堂教学的组织、实施,都必须围绕任务展开,并服务于任务的完成。任务的设计必须有利于学生充分发挥主动性,通过给学生创造有利于交际的真实的语言环境,提高学生的语言习得能力和语言运用的创造力,充分体现学生的主体地位。同时,任务的设计还要给学生创造不同的情境,培养他们对语言的感知力和理解力,并形成系统的认识。

（二）教学设计强调"合作学习、资源共享"

通常一个任务需要一个独立的教学单位,由两人或多人形成的小组共同合作完成,因此,在任务的实施过程中会产生大量小组成员互动的机会。由于教育背景和个人感知能力的差异,小组成员对事物的理解常常带有主观性与片面性,成员之间通过交流、沟通,能使个人对事物的感知和理解达到最佳状态。这种交流和沟通就是一种合作学习的过程。此外,在合作学习的同时,也会伴随资源共享。小组成员在任务实施的过程中,必然会收集与任务相关的知识点,每个成员对知识的理解和认知程度不尽相同,因此收集材料的侧重点也会不一样,成员把各自搜集的知识点进行整理、归纳和总结,共享资源,这会促使每个任务的实施结果达到最完美的状态,学生的语言交际能力和合作分享精神也会最大程度地发挥出来。

（三）教学设计强调学习环境的构建

学习环境的构建是语言学习的基础条件,教学任务的设计要尽可能选择真实的、符合时代特色的语言素材,同时教师应尽可能多地提供接触目的语的机会,创造大量用目的语交流沟通、合作学习、资源共享的学习环境。

总之,任务型教学法的设计要强调以学生为中心,强调"合作学习、资源共享"的学习环境的构建。①

五、新课程标准下的教学理念

2001 年以来,我国义务教育阶段和高中阶段的英语课程标准不断完善,要求教师不断提高学生的综合语言运用能力,着重提高学生用英语获取信息、处理信息、分析问题和解决问题的能力,用英语进行思维和表达的能力,形成跨文化交际的意识,拥有基本的跨文化交际能力,进一步拓宽国际视野,弘扬爱国主义精神,增强民族使命感,形成健全的情感、态度、价值观,为未来发展和终身学习奠定良好的基础。基于以上要求,我国的英语教学理念进入多元化发展的阶段,出现了分级教学法、全语言教学法、教育戏剧、互动式教学法、项目教学

---

① 张剑平. 英语任务型教学法设计与反思[J]. 英语学习,2017(10):138-139.

法、多元智能教学法、语类教学法、合作教学法、混合式教学法等新的教学理念。

(一)分级教学法

分级教学法(Stratified Teaching Method)来源于教育学及心理学理论,它基于因材施教的原则,根据学生的语言潜能、认知风格、学习动机、态度和性格等差异,将他们分为不同层次,以此确立并实施不同的教学目标、教学计划、教学方案、教学模式、测试标准及管理制度。同时,教师在讲授、辅导、练习、检测、评估时体现层次性,建立个性化、多样化的教学体系,以此满足学生的实际学习需要。分级教学法的指导思想是:在帮助学生打好语言基础的同时,注重对学生各项语言技能的培养与发展;承认差异、张扬个性,做到既不压制学习基础好的学生,又不放弃学习基础差的学生,使每个学生在最适合自己的学习环境中得到最佳的发展。

作为英语教学改革的一个尝试,分级教学法在因材施教、调动学生学习积极性和合理配置师资等方面有着积极的作用,不失为一种科学性与有效性兼容的理想教学形式,但是,在具体实践的过程中,我们需要落实以下三个问题,才能获得更好的教学效果。

第一,分级标准的问题。目前的分级教学法主要以学生进校的成绩为依据。一般来说,学生在上一学年紧张的期末考试后,经过完全放松的假期,入校时参加考试,考试成绩就是学校进行分级教学的依据。很多学生在思想上完全没有准备,这种一锤定音的考试模式只能看出学生的大概水平,而非全部水平。有可能高级班的学生水平不高,普通班学生的水平不低,而中级班的学生水平参差不齐。因此,应综合考虑学生平时英语单科成绩与入校考试成绩,提高分级的准确度。

第二,学生心理问题。首先,分级教学法的分层层次是根据学生上一学年期末考试成绩或入校后的摸底成绩来确定的,故不可避免地带有较强的主观因素,而正是这一、二次成绩则直接决定学生在分级教学中的结果,比如有的学生可能会因此而"沦落"为低层次班级,这无疑会让他们从心理上产生受"歧视"的感觉。另外,成绩较低的学生也无法享受到最优质的教学资源,致使教学走向两个极端,即优秀者更优秀,差者更差,从而达不到分级教学的目的。

第三,测试评估的问题。科学的测试结果能够为教师的教学提供良好的反馈,帮助教师更好地了解教学效果,改进教学方法。但在分级教学中,虽然按学生的实际水平进行教学,但期末测试在评估上却没有区分,这样既不利于衡量学生的实际水平,客观评价教学效果,也违背了分级教学的初衷。笔者建议无论考试还是考查,都要分级出题、分级测试。这也许会给考试的组织带来一定难度,但这能更好地检查分级教学的效果。每个学校可成立一个专门的测试机构做这项工作,经过几年的探索实践,建立一个以大纲为准绳的英语试题库。①

(二)全语言教学法

全语言教学法(Whole Language Approach)认为语言教学应从整到零;强调教与学对学

---

① 李先进,彭娟.大学英语分级教学:问题与对策[J].吉林工商学院学报,2010(2):106-108.

生的意义;体现教育的民主与人性,以及师生间、同学间的平等与互助;确保因材施教的落实。它面对的是全体语言学习者,包括学习者的需要、兴趣、特长及弱项。全语言教学中的教师应以理论为指导,根据学生的具体需要,与学生一起体验学习过程,采用适合学生的教学方法,去实践那些已经被证明是有效的方法。它包括语言的各个方面,即全文及全语言技能。全文不一定是整本原文书,任何书写的东西,只要它意义完全,在恰当的场合出现,就是全文。例如,交通标志"Stop"这一个词也可以在具体环境中传达明确、完整的信息,因而是合格的全文。全技能包括听、说、读、写。"Whole"不是指全部,而是指"不可分割"(holistic),即不应把这些技能分割开来教,教学的焦点应集中在提高学习者的综合技能上。

全语言教学需要全方法和全语言环境。全方法指的是学习方法与学习过程的统一。教学方法的选用应根据学生实际学习情况的需要。语言技能的发展是语言和社会环境共同作用的结果。因此,除在学校创造一个有利于语言学习的环境外,还必须有一个有利于文化学习的家庭环境。对中国的 EFL(English as a Foreign Language)学生来说,语言实验室、英语村、英语角、外教、英语广播、学生宿舍等校园环境均属于全语言的环境范畴。

采用全语言教学法时,以下几点值得思考。

第一,全语言提倡以学生为基础的学习,让学生控制自己的学习以提高能力。然而,给学生完全的自由会有副作用。教育有长期目标和短期目标之分。由于学生经验的局限性,他们可能会瞄准短期目标而难以提出长期目标。如果教师不加以引导,学生的全面发展就会受到影响。

第二,全语言强调个人化的阅读,提倡把选材及监督学习进步的责任下放给学生。然而,要把这些理念转变为实践,教师面临着许多问题。首先,个人化的课程对教师的记忆力和备课要求很高,多数教师做不到收放自如。其次,学生所读的内容不同,因此很难让他们讨论并交流感想。再者,教师要留意每个学生的情况,监测每个学生的进步,以及为满足每个学生的需要而改变指导方法与内容,这也很困难。

第三,学生所选读物的难度应符合其独立阅读水平,还是符合需要教师指导的水平？如果符合学生独立阅读水平,他就失去了得到教师帮助的机会;如果符合需要教师指导的水平,每个学生阅读的书不尽相同,又都需要教师的辅助,教师不可能对每个学生提供及时的帮助。因此,如何将全语言教学法有效地应用到我国的 ESL 教学中,尚需不断进行摸索、试验与探讨。①

(三)教育戏剧

教育戏剧(Drama in Education),是指将戏剧中的元素与方法运用于教学中,让学生通过戏剧表演的形式学习学科知识。此教学方式多年来已在国外得到高度认可并广泛使用,但国内却运用较少。事实上,传统的英语课堂融入戏剧演练式教学后,有助于带来奇妙的课堂体验,碰撞出精彩的火花,让英语课堂真正活起来。

教育戏剧为学生提供综合语言运用平台,激活学生思维。在融入戏剧教学的英语课堂上,教师可根据文本内容确定小组,让学生以小组的形式设法将文本中的故事或其情节片段

---

① 袁洪婵. 全语言——理论基础、实践、启示[J]. 外语与外语教学,2001(8):6-8.

搬到"舞台"上,这也是学生综合语言运用的"舞台"。在编演的过程中,学生需从文本入手,结合自身实际生活经验自创动作,并且根据剧情自行添加符合情景的语言。在创作的过程中,学生需要创造性地发散思维,不断迸发出奇妙的想法。这样一来,课堂上自然会呈现出学生思维不断被激活、碰撞的场面。这也体现出"语言既是交流的工具,也是思维的工具"。

该理念从学生兴趣点出发设计课堂活动,使学生更加活跃。教师作为课堂的引导者,应设计符合学生年龄特征且能吸引其参与的课堂活动,戏剧表演就是一种很好的方式。戏剧表演活动需要以小组为单位进行,小组所有成员一起研读文本,通过排演的方式揣摩人物,在合作创编及表演故事情节的时候,能相互交流分享、共同合作。同伴的帮助和鼓励也会让学生的参与度增加,使得他们沉浸于课堂活动。小组作品最终的呈现更会让每个参与者都有满满的成就感,这样一来,学生以后的课堂表现会更加积极。

学生通过表演体会人物性格,使文本中的人物更加鲜活。在传统的英语课堂中,学生会在教师的引导下通过分析文本中人物的语言和动作,总结人物的性格特点。在传统的英语课堂引入戏剧演练式教学后,教师可利用戏剧表演的优势,引导学生将自己想象成文本中的人物,并表演出人物的动作,说出人物的语言,在课堂中凭借情景呈现和情景对话,亲自体悟人物的性格。在融入戏剧表演和表情的英语课堂上,学生可将让自己移情于文本中的任务,通过切身体验的方式直接体悟人物性格与内心,真正做到与文本中的人物进行心灵对话,使得人物鲜活地呈现在课堂中。[①]

(四)互动式教学法

互动式教学法(Interactive Teaching Method)通过课程设计,在教学中学生与教师双方交流、沟通、质疑、答辩、协商、探讨,通过理性说服和辩论,交流双方的观点,形成教师主导下的师生互动,激发教学双边的主动性,提高学生自主学习的能力,达到教学相长的目的,从而提高教学质量。

互动式教学法的核心是"动",互动式教学法强调的是教学过程中师生的共同参与,增强学生的参与热情和自主学习意识,将传统教学中教师对学生的单向讲解转变为活跃的课堂双边活动。

互动式教学法的意义包括以下三点。

第一,有利于提高学生的自主学习能力。互动式教学法的主要特点就是课堂互动,以此保证学生有大量的机会积极参与课堂上的讨论与交流,从而有效地提高自主学习、独立思考、主动探究以及理论联系实际的能力。

第二,有利于提高教师的专业教学能力。美国教育家乔伊斯在《教学模式》一书中深刻地指出,"没有一种教学模式是为适合所有的学习类型或学习风格而设计的"。互动式教学法实质上是把教学活动看作一种动态发展的教与学统一的活动过程。教师在这一过程中要通过课程设计、问题导向、组织互动、优化教学互动方式等活动,提高教学效果。在这一过程中,教师的教育才智、教育教学能力会在师生互动中得到全面的展示和提升。

第三,有利于提高师生之间和生生之间的合作学习能力。互动式教学法使教学从过去

---

① 薛方静. 戏剧教学让英语课堂"活"起来[J]. 中国教育学刊,2018(12):103.

的理论性讲解变为情景性熏陶。通过小组讨论、课堂发言、相互交流、教师总结和课后的反思,师生之间、生生之间的合作学习能力得到有效提高。教师在互动式教学中引导学生围绕主题共同思考、共同协作、共同交流、共同解答问题,从而有利于提升学生和教师的创造性思维能力,以及师生之间、生生之间合作学习的能力。

在互动式教学法中,应注意的问题包括以下几点。

首先,应进一步加强对互动式教学法重要性的认识。目前,无论是教师还是学生,对互动式教学法重要性的认识都远远不够。英语课程要想获得较好的效果,仅靠课堂教学过程是不行的。因此,课堂教学的方式、方法应当由"传道、授业、解惑",转变为"激发、引导、帮助",激发学生学习的兴趣,引导学生通过正确的方式自学,帮助他们解决在学习过程中遇到的各类问题。通过45分钟的课堂教学,带动学生几个小时的课外学习时间投入,才能实现课堂教学效率最大化。

其次,生生互动的方式不在于多,而在于精。生生互动常见的组织形式包括小组讨论、同桌讨论、演讲比赛、辩论赛等。但在实际教学的过程中,形式上的创新较多,实质上的深入不够。比如,每节课前抽5分钟让学生做课前演讲,虽然也能激发学生的学习兴趣,但总体效果不佳。同时,由于课堂教学时间的限制,生生互动的形式不宜过多,应该根据学生的英语基础水平、英语学习需求、生活背景、兴趣爱好等多方面因素,选择最适合学生的一种或少数几种方式,精心设计,不断调整改进,这样才能收到最好的效果。

最后,互动式教学法的探索切不可急于求成,要循序渐进,先在小范围内试验,获得成功后再进行推广;先在部分学生中开展探索实践,在获得成功之后,方可进行推广。实际上,即使小范围实践能获得成功,在推广的过程中,仍然会遇到新的问题。因此,必须加强教学互动实践和推广过程中的监控和管理,根据出现的问题,适时进行调整改进。①

(五)项目教学法

项目教学法(Project-based Teaching Method)让学生围绕某个具体的学习项目,利用优秀的学习资源,在实践中体验吸收、探索创新,获得较为完整而具体的知识,形成专门的技能。

项目教学法的基本特征如下。

第一,学习情景真实而具体。项目教学法按照学习的需求立项,取材于未来生活中的工作,即学生面对的是真实的、具体的、值得探究的问题。

第二,学习内容综合而开放。项目教学法所涉及的问题都具有综合性和开放性的特点。综合性是指项目教学融理论知识与实践操作于一体,包含了多个方面的知识和技能;开放性是指它不局限于书本,也不局限于从某个角度来看问题,所涉及的问题是实用的、不断变化发展的,可从多种角度进行分析。

第三,学习手段数字化、网络化。项目教学法可以充分利用现代信息技术,学生在数字化的学习环境中,利用数字化学习资源,以数字化方式进行学习,在利用资源、自主发现、协商合作、实践创造中学习。

---

① 蔡润林. 互动式教学在英语课堂教学中的应用[J]. 教育探索,2014(1):64-65.

第四,学习途径多样且具有合作性。项目教学法往往需要通过实践体验、学习书本知识等多种途径来完成,项目教学法能够使学生学会与不同层次的同学合作,并能使学生在与不同层次同学合作的过程中学会运用适当的行为方式学习。

第五,学习的收获具有多面性和个性化的特点。项目教学需要学生既学习书本知识,又参与实践活动;既开发智力,又创新发展。学生的收获不但是多方面的,也是富有个性的。学生在项目的学习中得到了发展,项目教学的最终成果也能让每一个参与者获得成就感和荣誉感。

项目教学法既是一种教学模式,也是一种多用途的教学方法,其理论基础融合了以下多种教育理念。

首先是建构主义学习理论,即学生根据自身经验,基于与环境相互作用的基础,构建自身知识体系。它强调的是学生积极主动地建构知识,而不是被动地接受知识。项目教学是通过创设学习情景,让学生在真实的环境中开展具有创新性质的学习活动,以构建个人的知识体系。

其次是多元智能理论。多元智能理论强调每个人都有不同的智能强项和优势。学生在完成一个学习项目时,会运用自身的智能优势创造性地解决学习中的问题。同时,教师在项目教学活动中,将综合各种教与学的策略,帮助学生开发各自的智能。项目教学注重的是学习与社会实践的结合,所以能使学生把学习变成一种社会体验,为未来的工作和生活做准备。学生通过项目学习,不断地积累学习经验,不但能够发挥各自的智能优势,而且能提高他们的弱项智能。

最后是终身学习理论。终身学习理论强调学习的社会化和学习能力的培养,它要求学生通过自主学习,形成一种能力,以适应社会发展的需要。项目教学就是通过真实的项目来培养学生的这种能力。在项目教学中,学校和教师要尽可能地为学生提供有关的条件和机会,使学生在自主完成学习项目的过程中,成为一名终身学习者,这种能力的形成也是社会和时代发展的必然要求。

项目教学法的计划由教师设计,但是学生应该是实施项目的主体,教师在项目实施的过程中是指导者和帮助者。项目活动的开展采取课堂与课外相结合的方式,成立项目课题组,由课题组教师带领学生开展项目活动,指导学生完成各项作业。具体做法包括以下几个方面。

1. 设计项目,创设情景

从英语知识和英语语言能力的角度,以建构主义理论中的学习情景创设为原则,可设计以下项目,供学生选择:①语法项目,如编写英语疑难语法汇总;②翻译项目,如编写英文版的某城市景点和名菜名称;③报刊阅读项目,如自编英语报纸;④听说项目,如英语戏剧小品的创作演出;⑤写作项目,如英语电子邮件交友活动;⑥词汇项目,如编写某专业的英语词汇表;⑦阅读项目,如写英语读书报告;⑧制作与教材相关的课件。

2. 选择主题,分组分工

由于学生的兴趣爱好各不相同,他们选择的主题或项目也不尽相同。为了充分调动学生学习的积极性,可要求他们按照自己的兴趣爱好,自由组合成不同的学习小组。学习小组每组5—8人,确定组长人选及小组成员的角色分配,明确分工,各负其责。具体的工作为收集资料、整理资料、解决问题、制作课件、汇报讲演。

3. 分析问题，制订计划

每个小组在选定项目主题后，必须制订实施该项目的计划，确定需要研究或解决的问题；同时，设想完成该项目所需要使用的工具和方法，把握完成项目所需的时间，考虑项目进行过程中可能出现的问题。

4. 搜集资料，探究协作

小组成员搜集有助于解决问题的信息资料。资料的来源可以是互联网、图书报刊、广播电视，也可以访问相关专家等。然后，小组成员按照一定规则将资料分类，形成小组资料文件夹，并对资料进行有效管理，供各小组共享。

5. 讨论策略，制作作品

小组讨论确定解决问题的方法与策略，并开始实施。每组选择一种或多种方式（文档、动画、表格、网页、程序设计等）呈现研究的结果。

6. 展示项目学习成果

项目学习的最终成果可以各种各样、丰富多彩；可以发布到网站上，也可以在学院的英语角展示。同时，教师要鼓励学生进行学习成果的交流，从而促进学生反思学习过程。

7. 自评互评，总结反思

项目教学要求运用多元主体评价方式，包括教师评价、同伴评价、自我评价和社会反映。评价的过程应该是开放性的，应给学生参与评价的机会，评价的结果要能为学生所理解。①

（六）多元智能教学法

多元智能教学法是基于多元智能理论（Theory of Multiple Intelligences）的。Gardner（1999）提出的多元智能理论认为，人类至少拥有八种不同的智能，即每个人天生都拥有八种智能的潜能，但由于成长环境不同，每个人形成的优势智能也不同，故每个人都有各自特殊的智能组合。换句话说，没有两个人的智能组合完全相同，每个学生学习时所运用的智能组合也不尽相同。因此，在教学中，教师应该考虑如何利用个人智能的独特性帮助学生学习，并在教学中多涵盖多种智能的应用以促进学生对所授知识的吸收。

Gardner 提出的八种智能包括：①言语-语言智能，包含对口语或书写语言的敏感度，学习多种语言的能力，用语言表达及理解语言的能力；②数学-逻辑智能，指用逻辑分析问题、归纳或演绎推理的能力，能够辨认及操作抽象的数学运算，能用科学方法解决问题；③视觉-空间智能，它能使人自由地在空间模式之间转移，能辨认方向，制造或解读图形的意义；④肢体-动觉智能，它包含用身体解决问题、创作作品、表达概念及情绪的能力，手眼协调性佳，具有喜欢或碰触物品的倾向；⑤音乐智能，它包含对音调、旋律、节奏、音质的领悟能力，喜爱音乐欣赏与创作，具有演奏乐器的能力；⑥人际智能，指能善解人意、与人交往、与人有效合作共同完成任务的能力，该智能与理解他人的能力有关；⑦内省智能，指个体认识、洞察和反省自身的能力，表现为能够正确地认识和评价自己，在正确的意识指导下，对自己的行为、情

---

① 胡舟涛. 英语项目式教学的探索与实践[J]. 教育探索，2008(2)：70-71.

绪、动机等进行控制;⑧自然观察智能,指个体对生物的辨别和分类,感受自然世界的其他特征的能力。

在英语教学中,运用多元智能教学法的有效策略包括以下几个方面。

第一,通过表演的教学方法发展学生的运动智能。角色扮演的教学模式一直深受各阶段学生的青睐,英语教师可以根据这一特点从所学习的英语课本中选择出学生比较喜欢的主题,然后安排学生根据教材内容编创出精彩的表演情节,再由英语教师组织学生或直接参与表演,和学生一起完成不同角色的演绎。采用角色扮演的教学模式可使学生在进行表演之前,积极查阅相关资料,并主动地对教材内容进行比较深入的研究,从而有效加深学生对所学课文内容的理解。

第二,利用歌曲演唱会的方式培养学生的音乐智能。在教学中,音乐智能指学生比较敏感地对旋律、节奏、音调和音色等进行感知的能力,也包括学生通过演奏、作曲和歌唱等进行音乐表达的能力。学生具有听觉敏锐和善于模仿的特性,大部分学生都比较喜欢音乐。为更好地提升英语第二课堂的活动质量,英语教师可以提前安排学生在空闲时间里多积累英文歌曲,用训练提升自己的听力水平和乐感。然后,教师可以组织学生在英语第二课堂上开展英文歌曲演唱比赛,使学生在对歌曲的欣赏和演唱中逐渐提高英语水平。

第三,通过广告设计比赛的方式提高学生的视觉空间想象力,进行视觉空间智能的培养,英语教师可以先在英语第一课堂中利用电视、电影和多媒体等丰富多彩的直观形象化教学工具实现生动的辅助性教学。另外,教师可以在英语第二课堂教学活动中,通过开展英文版的广告设计比赛或者设计英语专题等各种活动,提高学生的视觉空间想象力。[①]

(七)语类教学法

语类教学法(Genre-based Pedagogy)是基于系统功能语言学中的语类理论发展而来的。语类教学法的目的是在语言教学(包括母语教学和第二语言教学),尤其是在阅读和写作的教学中,通过向语言学习者讲授、示范并解构隶属于不同语类的语篇,从而帮助他们在语言输入环节(阅读)识别语篇的语类,在语言输出环节(写作)中依靠相关语类知识发展独立创作某一类语篇的能力。

语类教学法也被称为语类读写教学法,除了依托系统功能语言学的语类理论,还借鉴了韩礼德的语言发展理论、维果茨基的社会构建主义理论以及伯恩斯坦的教育社会学理论。[②] 关于语言信息的获取,韩礼德和维果茨基持有非常相似的观点,他们都发现:儿童的语言学习过程不局限于单纯获取言语信息,而是同时包括了交流互动中共同构建、理解社会现实的过程。[③] 基于以上所提观点,维果茨基在语言学习理论中提出的一个核心概念——"最近发展区"为其学派之后发展出的支架理论提供了重要的理论依据。支架理论的核心思想是:学生或儿童在执行一项任务的过程中,教师或父母有必要向其提供暂时性的协助。在语类教

[①] 何姗姗. 多元智能理论在大学英语教学中的应用[J]. 池州学院学报,2018(3):145-147.

[②] 周祥.悉尼学派语类教学法对大学英语写作教学之启示——"以读促学"与王初明"以写促学"的结合[J]. 西安外国语大学学报,2017(1):72-77.

[③] Wood D, Burner J, Ross G. The role of tutoring in problem solving [J]. Journal of Child Psychology and Psychiatry, 1976 (2):89-100.

学理论指导的课堂中使用的读写语类循环的教学步骤就是受到了支架理论的启发。①

Rothery 基于对语类理论和支架理论的研究,与一些一线教师和语言学者合作,共同设计了读写语类循环教学步骤。该教学步骤的目的是引导语言学习者通过教学和学术活动掌握特定语篇的语类特征,然后,教师和语言学习者通过协作共同在课堂中解构属于同一语类的语篇。最终,在教师的协助下,学习者能做到自主构建属于该语类的语篇。读写语类循环教学步骤就是教师和学习者通过共享知识(语类的图示结构和语类的语言特点)而进行的读写教学活动。

读写语类循环教学步骤包括三个环节:解构、共建、自建。三个步骤的教学目的不尽相同,但都为一个综合的教学目的服务:使语言学习者了解语类是一组有步骤的交际活动,同一语类具有相同的交际目的,构建特定语篇时,可以根据语篇所属的语类的结构特征(图示结构)来决定所属语类语言的风格。首先,在解构环节中,教师会为语言学习者提供某种特定语类的范文,并详细分析此范文所属语类的社会文化语境、交际目的、图示结构和应选择的语言风格;在共建环节中,教师需要加大语言学习者的参与度,要求学习者根据解构环节中获取的语类知识为构建相同语类的语篇提出建议并将共建内容(包括某特定语类的图示结构和语言风格)呈现在黑板上;在自建环节中,语言学习者根据解构和共建两个环节获取的语类知识,独立地完成一项属于某特定语类的写作任务。②

(八)合作教学法

合作教学法(Cooperative Teaching Method)又被称为合作学习策略,指让学生在小组中进行一系列学习活动,并达成共同目标的一种教学理论和策略。社会心理学家提出的集体动力论、目标结构理论、社会互赖理论和接触理论表明,合作学习法能够通过增强学生的责任心,提高学生的学习能力和解决问题的能力,在合作中习得知识,增强学生的学习自信心。

"合作"强调人与人、人与环境之间的交互作用。20世纪中期,美国的教育领域开始了合作的实践和探索,为了让不同种族的人们减少对立,而设定一个共同的目标引导不同种族的儿童合作学习。后来,美国的各种教育机构包括大学和中小学都广泛开展合作学习。到了20世纪70年代,人们开始具体研究合作学习的一些原则。在20世纪80年代,合作教学法作为一种先进的课堂组织形式,受到了广泛关注。作为一种改造过的新的教学组织模式,合作教学法的目的是让学生在一个共同目标下学习。合作教学法有助于学生的语言交际能力和自信心的增强,同时对语言功能的内化和吸收都有非常积极的促进作用。

合作教学法的优势包括以下四点。

1. 合作学习可以促进学生的认知建构

学习者之间的交流、争论有助于他们打开思路,建构起新的、更深层次的理解,提高交际过程中语言输入和语言输出的质量,促进专业知识的吸收、理解和正确运用。

---

① 张先刚. 悉尼学派的语类教学法理论[J]. 外语界,2013 (2):24-32.
② 曹煜茹. 基于语类教学法的统计图表英语写作教学探讨[J]. 长春师范大学学报,2019(5):171-174.

2. 合作学习实现学习主体的共时性参与

所谓共时性参与,就是指所有主体的能动性都同时在学习活动中得到强化。合作学习可以凸显每个学生的地位,在组内每个成员都有在别人面前展示自己的机会,都可以同时参与活动,面对面交流的机会也随之增多。

3. 合作教学法有助于消除学生的焦虑和紧张,提高学习兴趣和信心

合作教学法以分组活动为主,它为学生提供了一个较为轻松和谐的学习环境,各种各样丰富多彩的小组活动能够使学生得到更多的锻炼机会,从而获得自信。

4. 合作教学可以提升学生与他人的合作与交际能力

在小组活动中,学生通过合作完成任务,提高了与他人交流的能力,具备较强的责任心和人际沟通能力,以及理解他人、与他人合作的能力,学会相互尊重、相互帮助。[1]

(九)混合式教学法

混合式教学法(Blended Learning),即通过互联网技术,结合线上教学和线下教学的混合式教学模式。混合式教学模式下的英语教学,不仅有助于培养学生自主学习的积极性,也有利于优化教学效果。班级中,每个学生的学习能力、学习状况都是不同的,教师不可能做到全面关注,所以部分自制力较差的学生就出现了课上不听讲的现象。而通过线上教学活动的配合,就能够完美地解决这一问题。每个学生都必须参与线上教学课堂,才能获得相应的经验值,而且无法找别人代替,这样的方式能够充分发挥每个学生的主观能动性。

混合式教学法的教学流程分为课前准备与教学实施两个部分。其中课前准备部分包括课程资料的选定、学生自主学习线上课程、交流讨论;而教学实施部分则包括教师面授、确定任务、任务探究、成果汇报、教学评价。这些内容的具体阐释如下。

1. 课程资料的选定

在题目的设定上,要先满足大部分学生的需要,也可设置一些拓展思维的练习题,让学生在原有思维的基础上进一步拓展;同时,课程时长的设定也应该适中,不能过长,否则会让学生在冗长的教学环境下产生厌烦情绪;也不能过短,仓促的灌输方式会让学生对知识点一知半解,所以一般以10~20分钟为宜。

2. 学生自主学习线上课程

已经上线的网络课程,是教师们智慧的结晶,线上线下都可使用。而在传统的面授课程中,一些学生在课堂上会时不时出现注意力不集中的情况。有了线上网络课程,学生就可以自主选择学习时间,在个人状态最好的时间选择上网络课程,这有利于学生对知识的吸收。对于网络课程学习中遇到的疑难问题,学生可做好相应的记录,及时向教师或者同学请教。

3. 交流讨论

学习本身就是一个不断质疑、不断思考、不断探讨的过程。交流讨论可以让师生发挥群体智慧,有助于课程学习的不断完善。线上网络平台丰富了学生和老师、同学之间的互动形式,任何小的疑难点都可以成为学生们探讨的话题,教师与学生进行学习探讨可以达到教学

---

[1] 力明. 合作教学法在艺术类高职院公共英语教学中的应用探索[J]. 湖北函授大学学报,2015(23):170-171.

4. 教师面授

教师在进行面授课程时,应该对教学平台上的慕课视频进行详细讲解,以便让学生对单元教学内容有初步的了解。这样能够更好地让学生把握观看的侧重点,进而能够在学习中做到游刃有余。

5. 确定任务

英语教师也应该在课前安排好探究性的任务,任务要包括单元教学的重难点。特别值得注意的是,要设置小组合作式的探究任务,组成4~6人的英语学习兴趣小组,在教师发布任务后,小组成员可进行讨论,以便更好地完成任务。

6. 任务探究

每个学习小组要指定一个小组长,整体负责本组的讨论;同时,小组长要针对任务进行分工指定,细化任务,让每个组员都拥有独立探究的机会,最后组长要对各个观点进行总结,完成教师布置的讨论任务。不管是线下还是线上的学习模式,探究式学习都能体现学生学习的主体地位。通过阐述,学生可以在讨论过程中碰撞出思想的火花,学会倾听,学会沟通,加深与同学之间的友谊。

7. 成果汇报

在线上线下课程结束后,要举办一场对教学效果进行验收的成果汇报会。每个学习小组推荐一名成员,对本组的讨论和学习效果进行总结汇报,教师要对各组的成果汇报进行评价,同时也应该让各个小组进行互评,这样的方式能加深学生对问题的理解,培养思辨能力。

8. 教学评价

在线上线下的教学模式中,教学评价包括两个方面,即线上评价和线下评价。当然,评价的主体不能局限于教师,也应该让学生成为评价的主人,不仅要有教师评价,还应有学生之间的相互评价。评价应该包括三个阶段:课前、课中、课后。多元化的评价会更加客观,学生可以在平等公正的评价结果中找到差距,弥补自身不足,达到最佳学习效果。①

第二节 英语教学方法与手段

《国家中长期教育改革和发展规划纲要(2010—2020年)》明确提出,我国教育改革与发展的指导思想要"高举中国特色社会主义伟大旗帜",以邓小平理论和"三个代表"重要思想为指导,深入贯彻落实科学发展观,实施科教兴国战略和人才强国战略,优先发展教育,办好人民满意的教育,建设人力资源强国。这为英语教育发展提供了方法论指导,指明了英语教育改革与发展的根本方向和价值使命。在上述思想的指导下,《国家中长期教育改革和发展规划纲要(2010—2020年)》明确提出二十字工作方针,即"优先发展,育人为本,改革创新,促进公平,提高质量",从总体上规划了教育改革和发展的战略地位、根本要求与核心任务。

---

① 焦建利. 慕课教学法之管窥(下)[J]. 中国远程教育,2014(22):89-90.

这二十字方针彼此存在内在的联系,需要作为一个有机联系的整体来理解和把握。"优先发展"反映了教育事业的战略地位,是各级政府处理教育事业发展与其他经济社会事业发展关系的总体要求,强调了教育事业发展的政治、政策和条件保障,强调把支持和发展教育事业纳入整个社会发展总体战略中加以考虑和规划;"育人为本"是对教育事业提出的根本要求,反映了教育活动不同于其他社会实践活动的根本特性、价值取向和目的追求;"改革创新"是教育事业发展的强大动力,是解决现实教育生活中存在的各种矛盾和问题,建立一个充满生机和活力的、有中国特色的社会主义现代教育体系的根本途径;"促进公平"是国家的基本教育政策,体现了社会主义教育的核心价值原则和价值追求,也是办好人民满意的教育、回应社会舆论中对各种教育不公平抱怨的紧迫任务;"提高质量"是教育改革与发展的核心任务,是基本普及九年义务教育和进入高等教育大众化时代之后,我国教育事业发展亟待解决的重大战略性课题,也是满足人民群众对优质教育需求、建设人力资源强国的必由之路。① 把教育摆在优先发展的战略地位,建设人力资源强国,不仅是我国未来教育改革和发展的指导思想,也是推动我国经济社会发展、实现中华民族伟大复兴的基本战略。

一、英语教学方法

教学方法就是为达到教学目标,运用教学手段进行的,由教学原则指导的师生共同围绕教学内容相互作用的一整套行为方式。教学方法是教师与学生的一系列持续的教与学的行为,如讲解与听讲、示范与模仿、演示与观察,它与内容、手段密切联系。② 在教学过程中,选择和采用各种教学方法,是为完成一定教学任务服务的,与教师的教学风格和教学个性有关,但最主要的还是受教学内容的制约。教学方法是一个结构性概念,它主要由教师的教和学生的学有机联系而构成。不能把教学方法和教学手段等同,教学手段是指某种具体的设备和工具,而教学方法是指对教学手段的操作和运用等。英语课程与教学论的方法丰富多样,每种教学方法都有自己的适用范围和局限性,为了充分发挥各种教学方法的效能,有必要根据教学目标和具体教学内容对教学方法进行合理的组合和运用。

在教育发展历程中,人们创造了种类繁多的教学方法。随着现代科学技术、教学理论与教学实践的发展,各种新的教学方法不断涌现。常见的几种教学方法分类如下。以运用教学方法的指导思想为标准,教学方法分为启发式的教学方法和注入式的教学方法。这是一种带有框架性质的分类,这种分类的优点是指明了教学方法在使用过程中,由于指导思想不同而具有不同的性质特征,缺点是分类比较笼统,对各种具体教学方法的认识并不明晰。根据教学过程(或学生的认识过程)的阶段划分的分类方法把学生掌握知识、技能的过程划分为三个阶段:积极地感知和理解新教材;巩固和提高知识、技能和技巧;对学生知识、技能和技巧的检查。相应地把教学方法划分为:保证学生积极地感知和理解新教材的教学方法;巩固和提高知识、技能和技巧的教学方法;对学生知识、技能和技巧进行检查的教学方法等。

---

① 顾明远,石中英. 国家中长期教育改革和发展规划纲要(2010—2020 年)解读[M]. 北京:北京师范大学出版社,2011:9.

② 王本陆. 课程与教学论[M].3 版. 北京:高等教育出版社,2017:153.

这种分类法的优点是把教学方法与具体的教学过程联系起来了,并且认为在教学的不同阶段所采用的教学方法也应该有所差异,这有助于加深对教学方法的认识,但这种分类仍比较笼统,这主要是苏联学者提倡的观点。根据师生活动方式的特点把教学方法划分为:以语言传递为主的教学方法,包括讲授法、谈话法、讨论法和读书指导法等;以实际训练为主的教学方法,包括练习法等;以直观感知为主的教学方法,包括演示法、参观法等;以陶冶为主的教学方法等。这是我国最常用的一种教学方法分类。这种分类有很多优点:分类标准的概括性很强,能把很多具体的教学方法囊括在内;根据各种教学方法的外部特征来划分,一目了然,而且比较容易被大家接受。此外,还有学者将教学方法分为语言性教学方法、直观性教学方法、实践性教学方法、研究性教学方法等。教师应该采用多种教学方法来进行教学,这是由英语学科内容的多样性及不同阶段学生身心发展的特点和规律决定的。

目前,教师在教学中常用的教学方法主要有讲授法、谈话法、讨论法、读书指导法、练习法、实验法、演示法和研究法等。①

1. 讲授法

讲授法是指教师使用连贯的语言向学生传授系统的科学文化知识,提高学生的思想认识,发展其智力和能力的教学方法。讲授法是教学中历史最悠久的,使用得最为普遍的教学方法。教师在使用其他教学方法的时候都离不开讲授法,从这个意义上讲,讲授法是中小学教学中最重要的一种教学方法。根据讲授本身的特点和讲课科目、内容的不同,可以把讲授法划分为讲述、讲解、讲读和讲演四种类型。讲述主要是指教师以叙述和描绘的方式向学生传授知识,在教学中,教师生动、形象的讲述,有助于学生在头脑中形成相关事物的清晰表象和概念,便于学生理解和记忆知识;讲解主要是指教师采用系统而逻辑严密的语言向学生说明、解释和论证科学概念、原理等;讲读即把讲、读、写等综合运用起来进行教学,其目的主要是把学生的多种感官调动起来,以提升他们学习的积极性和教学效果;讲演主要是指教师以某教学内容为专题,对其进行比较系统和深入的分析、论证,并做出科学结论,它主要是以演说和报告等形式出现,与一般意义上的学术报告有相似之处,但其广度和深度又低于一般的学术报告。由于讲演在内容的深度和广度上高于讲述和讲解,并且它需要的教学时间比较长,因此,这种方法一般是在中小学高年级教学中使用。

为了提高讲授的效果,教师在运用讲授法时应注意以下问题。

首先要注意讲授的科学性和思想性。这是对教师采用讲授法提出的最基本的要求。科学性是思想性的前提和基础,而思想性是科学性的内在属性。教师在讲授时首先要保证讲授内容的科学性,即教师在课堂上所讲的每一个概念和每一句话都应该是准确无误的,都应该是经过实践检验被证明是正确的内容。另外,教师在讲授时还应充分挖掘教材内容中蕴藏的思想品德教育的因素,在学科教学中渗透思想品德教育。为了充分发挥和体现教学的教育性规律,教师的讲授还应该富有情感性,以引起学生思想上的共鸣,达到以情动人、以情育人的目的。其次,注意讲授时的启发性和直观形象性。教师在运用讲授法时一定要坚持启发的原则,在讲授过程中,通过设置一些符合学生"最近发展区"的问题情境,启发学生的思维,并使他们积极主动地开展认识活动,达到掌握知识、发展智力和能力的目的。再次,注

---

① 王本陆. 课程与教学论[M]. 3版. 北京:高等教育出版社,2017:156.

意讲授的时间。中小学阶段,学生的身心发展从不成熟到成熟,学生注意力的稳定性随着年龄的增长而增强,不同年龄段的学生注意力集中的时间区间各有差异。有关研究表明,7—10岁儿童的注意力集中时间约为20分钟,10—12岁儿童约为25分钟,12岁以上儿童约为30分钟。根据这一特点,教师每次讲授的时间应合理,以免学生的注意力分散,降低学习效果。年龄较大的学生注意力集中的时间也会相对延长,但讲授法仍需考虑讲授内容的接受效果,教师单次的讲授时间不宜过长。

2. 谈话法

谈话法也称问答法。谈话法是指教师根据特定的教学目的、任务和内容,向学生提出问题,要求学生应答,在问(教师)与答(学生)的过程中引导学生获得新知识或巩固所学知识。它有利于了解学生的学习情况,便于教师对教学进行调控,做到因材施教;有助于教师了解学生的思维过程和品质,便于教师优化学生的思维;有助于培养学生的综合能力,尤其是思维能力和语言表达能力;还有助于师生之间的情感交融,建立一种师生交流、积极互动、共同发展提高的师生关系。

根据谈话目的和任务的不同,可以把谈话法划分为四种形式。第一,复习性谈话。它主要是指教师在学生所学知识的基础上设计和提出一些问题,通过学生答问的方式达到巩固知识和加深理解的目的。第二,启发性谈话。它主要是指教师在学生已有知识结构的基础上提出一些学生尚未学习和接触的问题,引导学生的思维活动,并为即将开始的新知识的学习做铺垫、打基础。第三,总结性谈话。它主要是指在一个课题、单元或学段的教学结束后,教师向学生提出一些能概括所学内容的问题,通过学生回答,达到总结和全面复习的目的。第四,研究性谈话。它主要是指教师提出一些富有启发性、对学生来讲是尚未形成结论的问题,引发学生思维与探究,以此培养和发展学生的创新精神和研究能力。

另外,根据谈话的主题与对象,还可以把谈话法分为个别谈话和集体谈话等。教师在运用谈话法时应注意以下几点。

第一,设计好问题。谈话法的关键是教师要设计好问题。教师设计的问题应具有以下特点:问题要切合教学目标、任务,抓住教学内容中的重点和难点,符合学生身心发展的特点和规律;问题要有启发性,对发展学生的思维和智力有价值;问题要有层次性,做到层层深入、有机联系;问题要有典型性和针对性,既面向全体学生,又因人而异;问题还应有思想性。

第二,善于提问。善问是教学艺术的一种具体体现,也是教师应该具备的一项重要素质。教师向学生提出的问题要明确、具体并有趣味性。同时,教师还要选择提问的时机,在学生"心求通而未得之意,口欲言而未能之貌"时向学生提出问题。

第三,做好谈话后的总结工作。谈话结束后,教师要做好归纳总结工作,以促进学生知识的系统化,并在这个过程中纠正学生的一些错误认识。例如,在教授学生小段篇章的时候,可以用问答的形式来检查学生的阅读效果,给出阅读信息获取的方向。

3. 讨论法

讨论法是指根据教学的要求,学生在教师的指导下,围绕某些问题展开辩论,辩明是非真伪,以此提高认识或弄清问题。讨论法是一种以语言传递为主的教学方法。讨论法有助于培养学生的思维能力、研究能力和语言表达能力等。同时,讨论法还能有效地培养学生的组织管理能力。美国学者斯蒂芬·布鲁克菲尔德与斯蒂芬·普瑞斯基尔在著作《讨论式教学法》中列举了讨论式教学法的益处:有助于学生思考多方面的意见,增强学生对含糊或复杂事情的关心和容忍度;有助于学生承认和研究他们的假设;鼓励学生学会专心地、有礼貌地倾听;有助于学生对不同意见形成新的理解,增加学生思维的灵活性,使学生都关心所谈的话题,使学生的想法和体验得到尊重;有助于学生了解民主讨论的过程和特点,使学生成为知识的共同创造者,发展学生清晰明白地交流思想和看法的能力;有助于学生养成合作学习的习惯,使学生变得心胸博大,并更容易理解他人;有助于发展学生分析和综合的能力,导致思想转变。

根据参与讨论的形式,可以把讨论划分为班级讨论和小组讨论。根据讨论内容的性质和特点,可以把讨论划分为三种:一是综合性课堂讨论,主要用于扩大有关理论知识的学习而组织的讨论;二是专题性课堂讨论,主要就某门学科中的个别问题或疑难问题而组织的讨论;三是研究性课堂讨论,主要就某一课题进行深入探讨。运用讨论法应注意以下几点。第一,要注意讨论法使用的对象和范围,运用讨论法进行教学时,学生必须在掌握知识方面达到一定的广度和深度,因此,不宜经常对低年级的学生采用讨论法。第二,要注意讨论法使用的时间和频率,讨论法不宜在平时教学中经常使用,一般在一个比较大的教学单元结束后采用。第三,注意优化讨论的过程,比如,要做好讨论前的准备工作,包括编制讨论提纲、设计讨论问题等,以使讨论有目的、有组织、有计划地进行。要引导讨论过程,包括营造讨论氛围,鼓励学生积极思考、踊跃发言,引导学生的讨论不偏离主题,并使学生养成认真倾听别人发言的良好习惯。要做好讨论后的总结工作,讨论后,教师要对各种意见和观点进行分析和综合,并做出科学的结论。

4. 读书指导法

读书指导法是指在教学过程中,教师传授学生阅读方法与技巧,指导学生进行有效阅读,以使学生掌握知识,学会发展智力的方法。运用读书指导法应该注意以下几点。第一,教师要培养学生阅读的兴趣和爱好,使学生喜欢读书。第二,教师要教给学生科学的阅读方法。比如,指导学生在阅读的过程中在书上做记号,画重点,写眉批、旁注和尾批等,做好读书笔记,使他们在阅读过程中对内容进行一定的思维加工,以提高学习效果。

5. 练习法

练习法也是中小学阶段使用得最普遍的教学方法之一。练习法是指教师根据教学的要求,给学生布置一定作业,学生在教师的指导下,通过课内和课外完成作业的方式,运用所学知识完成一定的操作,以巩固知识、形成技能和技巧。练习法的运用范围十分广泛。练习法是一种以实际训练为主的教学方法,其主要价值在于形成和发展学生的技能和技巧,同时也有助于加深学生对所学知识的理解和巩固。

练习的类型是多种多样的。根据练习内容的差异,可以把练习划分为语言的练习、解答问题的练习和实际操作的练习等;根据练习的形式,可以把练习划分为口头练习、书面练习和操作练习等;根据练习的层次,可以把练习划分为模仿性练习和创造性练习等。运用练习法时应注意以下几点。第一,明确练习的目的和任务,提高学生练习的自觉性,让学生清楚地认识到为什么进行练习、通过练习要达到什么样的结果,这对增进学生练习的主动性和积极性、提高练习的效果具有重要意义。第二,科学合理地组织学生练习,让学生在练习过程中掌握科学的练习方法,合理地安排练习的时间是十分重要的。受学生身心发展水平的影

响和制约,每次给学生安排的练习时间不宜过长,应把集中练习和分散练习结合起来。另外,还应指导学生采用多种练习的形式和方法,以保持他们对练习的兴趣和注意力,提高练习效果。第三,应及时监控学生练习的过程,并做好练习后的总结工作。

6. 实验法

实验法是指教师指导学生运用仪器、设备进行独立作业,观察事物的发生和发展过程,探求事物的规律,以获得知识和技能。实验法有助于学生直观地了解事物之间的因果联系,以及事物发生、发展过程与规律,也有助于培养学生的动手操作能力和探究意识等。根据实验目的和任务不同,可以把实验法分为三种类型:一是感知性实验,主要在学习新知识、新理论之前进行;二是验证性实验,主要在学习新知识和新理论之后进行;三是复习性实验,主要用于巩固所学知识。运用实验法时应注意以下几点。第一,做好实验前的准备。主要包括准备好实验的仪器设备,让学生明确实验的目的,必要时教师还可做示范性实验。第二,加强实验过程的指导。在实验过程中,教师要巡回指导,确保实验的程序科学、操作规范、结论正确。第三,做好实验后的总结。实验结束后,教师要以实验的过程和正确的结论为重点进行小结,并指导学生写好实验报告。

7. 演示法

演示法是指教师配合讲授和谈话,通过给学生展示实物、直观教具、示范性实验,或采用其他教学手段和方式,使学生获得知识。演示法的突出作用是使学生获得直观、典型的感性认识,它有助于学生理解书本上的概念、原理和规律,有助于培养学生的观察力,激发他们的认识兴趣。随着现代科学技术的发展,演示的手段和方法也越来越复杂,演示的作用和功能也越来越多样化。运用演示法应注意以下几点。第一,做好演示前的准备工作。应根据教学的要求明确演示的目的,选好演示的工具和材料。第二,指导好演示的过程。指导学生在观看演示时要尽可能动员多种感官对演示的对象和过程产生清晰的感知。同时,为了提高演示效果,教师在演示过程中要配以适当的讲解和谈话等。第三,要帮助学生把通过观察获得的感性认识上升到理性认识的高度,并从中获得一些规律性的认识。

8. 研究法

研究法又称探究法,是指不把现成的结论告诉学生,而是让学生在教师的指导下自主地发现问题。它是当前我国基础教育课程改革中倡导的一种方法。20世纪50年代,美国掀起"教育现代化运动",美国芝加哥大学教授施瓦布提出探究学习的概念。布鲁纳提出的发现学习理论和相关的教育实践主张可以说是探究学习最直接的理论来源。而建构主义的知识观、学习观、学生观、教学观,也为探究学习的开展提供了重要的理论支撑。研究法有助于培养学生的研究意识和能力以及创新精神和实践能力,同时,还有助于培养学生科学的态度、情感和体验等。运用研究法应注意以下几点。第一,选择好研究课题。采用研究法进行教学,教师首先要根据教学要求、教学内容的特点和学生的知识、能力水平,确定研究课题。研究课题要有一定难度和研究价值,需要学生创造性地运用已学的多方面知识,并经过多种探究和尝试才能解决。第二,要突出学生的主体地位和学生的自主研究活动。采用研究法进行教学对学生的自主性和创造性提出了很高的要求,因此,在教学中需要强调学生主体地位的真正确立,让学生在活动中进行自主探究。第三,加强教师对学生探究过程的指导。研究法突出了学生的自主活动,但学生的探究并不是一种自发的、随心所欲的活动,需要教师适时启发和点拨。教师指导是提高学生研究性学习效果的重要前提。[1]

各种教学方法都有其适用的范围与条件、优势与缺陷。选择和运用教学方法时必须全面考虑相关特性。具体使用过程中应注意坚持整体性原则、发展性原则、综合性原则、灵活性原则和启发性原则。

整体性原则要求教师在运用教学方法时,考虑教学各构成要素与其他教学要素的关系。同时,根据教学目标与内容,注意教学合作,协调教学方法之间的整合,使各种教学方法配合恰当、衔接自然,最大限度地发挥其整体性功效,促进教学效率的提高。

发展性原则是指在运用教学方法时,应把促进学生发展作为指导思想。比如,在讲逻辑性较强的数学公式时,采用讲授法、谈话法和练习法就会比单纯使用研究法更能让学生透彻地理解知识点。如果教师忽略学生的思维特点,采用探究法让学生去解读难懂的数学公式,这不仅浪费时间,而且不利于学生对知识的理解和内化。教师要始终以发展性原则为导向,选取和运用那些有利于促进学生发展的教学方法。

综合性原则要求教师博采众长,采取不同的组合方式,配合使用,努力将各种教学方法的价值发挥到极致。首先,综合性地选取和运用教学方法有利于教学目标的全面实现。其次,每种教学方法都各有长处、短处和适用范围,不存在解决一切教学问题的万能教学方法,所以,多样的教学方法搭配使用,教学过程就会更加立体、丰富。最后,心理学研究证明,教师上课使用单一教学方法会降低学生的学习积极性,学生容易产生疲劳,不利于注意力的长时间集中,从而会降低学习效率。采用多样的教学方法,有利于教师充分调动学生的积极性,提高教学效率。因此,教师在运用教学方法时必须坚持综合性原则,将多种教学方法有机地组合在一起。

灵活性原则要求教师运用各种教学法机智应对课堂生成性事件,适时、灵活地调整教学方法。教学过程本身是一个动态生成的过程,教学方法作为影响教学过程的一个变量,随着教学过程的变化发生改变。面对复杂多变的教学实践活动,只有灵活、恰当地选择和使用教学方法,才能保证有效教学的实现。为此,教师需要掌握多种教学方法,明确各种教学方法的优缺点。这样,当课堂发生突发事件时,教师才能灵活应对,寻求适当的教学方法,保证教学活动顺利推进。

启发性原则是指教师教学方法的运用渗透着启发式教学思想。所谓启发式,并非一种具体的教学方法,而是一种指导思想。它是与注入式相对的。注入式指的是教师忽视学生的主体性,把他们当作被动接受知识的容器,无视学生的主动参与和思维活动。启发式则相反,在启发式教学思想的指导下,教师的教学方法将学生置于主体地位,积极调动学生的主动性和积极性,引导并启发学生掌握知识、发展技能、培养价值观,这样才能发挥教学方法的最大效用。

---

[1] 王本陆.课程与教学论[M].3版.北京:高等教育出版社,2017:167.

二、英语教学手段

英语教学手段是指师生开展英语教学活动所使用的工具、设备以及可以借助的技术条件,它是师生组织和开展教学活动的重要依托。它的内涵包含三个层面。第一,教学手段的目的在于为教学活动提供中介支持,这种支持既包括看得见、摸得着的实体(如黑板、粉笔、模型、计算机等),又包括对教学有影响的各种虚拟技术条件(如互联网、大数据等)。第二,教学手段为教学活动提供了重要的辅助作用,同时教学活动的实施在一定程度上也会受制于教学手段的发展。在传统英语教学中,录音机和磁带是语言教学的重要手段;后来随着科学技术的发展,英语教学采用了操作更为迅捷、人机交互更为方便的语言实验室,这极大地提高了口语和听力训练的效果;尤其是21世纪以来,数字语言实验室进一步满足了语言教学的交互性需要。由此可见,教学手段影响着教学活动的组织和教学活动实施的效果。第三,教学手段是对教育技术的纳入和采用,但是教学手段并不等同于教育技术。教育技术强调的是物理意义上的工具的存在性和存在感,它为教学手段提供了丰富的资源,但教育技术能否真正成为教学手段,还需通过筛选转换的过程。只有那些符合教学目标要求、符合教师能力水平、符合学生认知特点的教育技术,才能真正进入教学活动,成为教学手段。因此,对于教师而言,不但需要能够熟练地使用教育技术,还要能够把握为什么用,以及什么时候用这些教学手段。[1]

教学手段对于教学活动是不可或缺的,直接影响着教学活动的效果。比如,思维导图能系统化地再现知识点,逻辑化地呈现教学内容,便于学生系统地掌握知识。21世纪日益广泛使用的信息化、网络化教学手段有利于汇集丰富的教学资源,有利于唤起学生的学习兴趣并传递大容量信息,使教学资料便于复制和共享,突破了传统教学中纸质课本对信息承载量的限制。网络化、数字化教学手段极大地拓展了教学内容的总量,并推动内容呈现形式的多样化。教学手段对于教学活动环境的构建也具有十分重要的影响。比如,扩音器可以构建大规模授课的物理环境,使优质教学能够为更多人共享;多媒体技术能够集视、听、触等各种感官刺激于一体,易于打造多通道认知的教学环境;虚拟技术可以创设一个超时空的逼真环境,学生可以通过模拟真实情境中的学习,获得在现实情况下无法或难以获得的感性经验,并习得一些特殊技能。在原始社会,口授其说的教学方式非常普遍;后来,纸质教科书的出现极大地变革了教学方式,学生可以依靠阅读完成自主学习;再后来,多媒体和计算机应用于教育,教师在教学方法的使用上获得了更广阔的选择和扩展空间,学生也可根据自身的实际情况调整学习进度。丰富多样的信息化教学手段不仅可以成就高品质的以讲授为主的课堂教学,也可以为学生开展发现学习和探究学习创造条件,甚至还能提供虚拟仿真的实训机会。

在教学实践中,选用教学手段的目的是有效地完成教学任务,而为实现教学目标而合理运用各种教学手段,能够大大提高教学质量和教学效率。教师如果忽视教学任务的要求,随意选择教学手段,不但不能发挥教学手段的积极作用,还会产生消极后果。只有当各种教学

---

[1] 王本陆.课程与教学论[M].3版.北京:高等教育出版社,2017:178.

手段都被看作完成教学任务的手段时,才有必要选择运用它们。选择教学手段时,需要综合考虑教学任务、教学对象、教师本身、时间、硬件等各项指标,以教学任务为出发点,以教学对象为基本依据,以教师本身为判断参考,在适当的时间内辅以适当的操作条件,高质量地完成教学任务。教学对象主要是指聆听授课的学生,学生年龄、学习能力、学习经验、学习态度以及学生群体的规模等因素都影响教学手段的选用。教师对教学手段的熟悉程度直接影响教学手段的使用效果。教师选用的教学手段应当是自己较为熟悉的,不要盲目选用自己并不了解的教学手段,避免出现在操作过程中无法控制的情况,这样反而影响教学效果。如果教师因为操作不熟练导致教学无法按预定目标正常进行,会影响教学的进度。

近年来,数字化多媒体教学使英语教学发生了革命性的变化,但传统教学手段的作用仍然是不可取代的,充分发挥多媒体教学和传统教学各自的优势,合理安排教学,可以更好地完成教学任务。数字化多媒体教学的学习资源特别丰富,有利于学生的探究性学习和思辨能力的发展,但数字化多媒体信息量大,展示速度快,教师应注意给学生留有一定的理解和思考时间,合理控制多媒体的展示速度,适当辅以板书,注意学生的反应。难以用语言或者某种媒介表达清楚的,教师应根据教学内容,从实际条件出发,将运用书本、实物等的传统教学手段有机结合起来,使用多种教学技能,提高教学效率。数字化多媒体只是教学手段,不能代替教师的讲解。教师必须就教学内容做必要的讲解和引导,课件只是帮助教师更好地进行教学,但不能代替教学。同一个课件,不同教师的讲解也能体现出不同的教学效果,教师需要认真准备教学内容。课件的质量也直接关系到课堂教学的效果,多媒体课件不是教师教案或讲义的简单复制,也不能代替板书。教师应当掌握计算机及多媒体的相关知识,提高课件的制作水平和操作水平。课件内容应该紧扣教学内容,课件的呈现形式应适合课程和学生年龄,使多媒体真正起到辅助教学的作用。过度依赖数字化资源和多媒体,会使教学流于形式,导致信息量过大,限制学生的思维。教师在选择运用什么教学媒介的时候,应该根据教学大纲、教学任务、教学目标和教学内容来确定,这样才能适合学生的年龄特点和认知水平,同时还要视具体的教学条件而定。走马观花似的课件展示影响学生对教学内容的理解和吸收,致使他们没有时间认真思考。课件应该符合教育性原则,能够促进学生思维能力的提升,内容阐述准确,符合科学逻辑,具有启发性。

第三节 英语教学设计与实践

教学是一种有目的、有计划、有组织的教育活动。教师作为教学过程的主导,不仅要积极组织和实施教学,而且还肩负设计教学方案、评价教学结果等职责。[①] 教学设计作为教师必备的一项专业技能,是教师在教学前对教学进行的研究,旨在帮助学生有目的地、高效率地开展学习。

---

① 王本陆. 课程与教学论[M]. 3 版. 北京:高等教育出版社,2017:270-271.

一、教学设计概述

（一）教学设计的含义

教学设计是一种基于现代学习理论的现代教育技术，是教师基于学习者特征的学习需求分析，设计教学目标、教学过程、教学策略、教学技术，并进行评价反馈，以进行教学准备的过程。[①]

教学设计是一个分析教学问题、设计解决方法，加以实施，并在评价的基础上修改方法的过程。它不仅要考虑有关的教学内容和方法，还要考虑教学背景、教学对象、教学策略、教学手段、教学评价等因素，并考虑学生"如何学"以及教师和学生之间的互动。总而言之，教学设计是一项系统工程，它由教学目标和教学对象的分析、教学内容和方法的选择，以及教学评估等子系统组成，各子系统既相对独立，又相互依存、相互制约，组成一个有机的整体。它也是教师在以学习者为中心的教学理念的指引下，对教学活动不断修正的过程。

教学的过程是一个逐步实现教育目的的过程，教育界普遍认为，教学设计一般包含五个层面：年度计划、学期计划、单元计划、周计划、每课计划。年度计划是一年教学的总体构想，根据国家或地区课程标准，确定教学内容、教学内容的顺序，调整教学材料的顺序，考虑教材的选用、学生分班和内容分配（如每学期、每周几个课时），以及复习考试的时间安排等。学期计划考虑每周的教学内容，以及学生复习和考试的安排。单元计划考虑每个单元的主题、课时、教学重难点，设计学生的学习活动，把单元教学内容分配在每个教学活动中。周计划考虑一周内每天要完成的教学内容，根据临时突发情况或其他变动调整内容，维持课程内部的连续性和一致性。每课计划则是教师在上课前所决定的教学方案，为一节课的教学做出具体的安排，决定活动的形式和方法，为学生的学习活动做好准备。前四个比较笼统，只有每课计划需要写出比较详细的教学设计，即教案。教案的撰写没有固定的模式，但一般都包括教学目标、教学重难点、教学方法、教学手段、教学过程、课后作业、板书设计等。

（二）教学设计的原则

教学设计是一个多变的思考过程，教学设计的具体方法很难说清楚，但每个学段或每个年级都有纲要或目标进行定性，因而教学设计要围绕纲要或目标进行，以立德树人为目标，坚持以学生为中心，体现学生的主体地位，遵循教学设计的目的性原则、多样性原则、灵活性原则、可习得性原则、联系性原则。

第一，目的性原则。一堂课要有明确的教学目标。目标不是教师在课上想做什么、教了什么，而是指学生在课堂学习结束时学到了什么、能做什么。教学设计必须首先明确教学目标，然后在此基础上设计各种教学活动以达到该教学目标。

第二，多样性原则。多样性是指语言输入材料、输入方式、教学安排、课堂组织形式等要多样化，以保持学生在课堂上的积极性。课堂活动不能过于单一，要有多样性。组织形式要

[①] 鲁子问,康淑敏. 英语教学设计[M]. 上海：华东师范大学出版社,2008:6.

多样化,既有个体活动,又有结对活动、小组活动、全班活动;感官刺激要多样化,既有视觉活动、听觉活动,又有触觉活动、动觉活动;产出也要多样化,既有语言产出,又有非言语产出。

第三,灵活性原则。灵活性是指在教学设计中安排额外的教学活动或设计更多的活动选择,以供教师在课堂上应对突发状况。

第四,可习得性原则。教师为课堂所设计的教学内容和教学活动的难度要在学生的学习能力范围之内,根据最近发展区理论,设计难易梯度合理的教学目标和活动,因为太难或太简单的教学都会打击学生的学习积极性。

第五,联系性原则。在教学设计中,课堂的每一个教学步骤都是相互关联的。例如,教学总是从简单的任务过渡到较难的任务,教学内容也应是相互照应的。在进行交际活动之前,教师一般会组织学生做一些相关话题的准备。有逻辑性的联系能使课堂顺利地从一个阶段进入下一个阶段。

(三)备课的内容和意义

备课是教师上课前的准备工作。

备课的内容包括备大纲、备教材、备学生、备方法、备练习。

第一,备大纲。大纲是英语教育的目标和教学计划的要求。授课前必须认真学习、钻研教学大纲,以明确"为什么教"和"教什么"的基本问题。

第二,备教材。虽然各地的教科书不一定相同,但都是根据教学大纲编写的,是教学的重要依据。教师须通读教材,了解教材的编写思想和编排体系、教材内容、知识点的分布、教学内容的衔接,熟悉单元教材,明确单元教学主题、教学内容、教学目的、教学要求及前后单元内容的关联性。精读课本,掌握教学内容的深度和广度,教学的重难点。查阅参考相关资料,合理利用他人研究的成果,扩大视野。

第三,备学生。教师要根据学生的实际情况,做好学情分析,因材施教。根据平时观察、课堂提问、作业、测试及课外辅导等,了解学生的学习环境、学习水平、接受能力、学习方法、学习风格和学习态度,针对不同的教学对象,采用不同的教学方法。时刻关注每个学生的发展动态,采取鼓励、帮助、引导、谈心等方式配合教学,帮助学生采用科学的学习方法,使学生获得事半功倍的学习效果。

第四,备方法。在钻研教学大纲、熟悉教材、了解学生的基础上,找准新旧知识的衔接点,采用科学的教学方法,设计教学步骤,解决"如何教"的问题。教学方法多种多样,需根据学生学习的目的和任务、学生认知水平及教学内容选择,帮助学生通过已知求解未知。近年来,义务教育阶段和高中英语课堂常运用任务型教学法、情境教学法、交际教学法等教学方法。

第五,备练习。练习是检验和巩固所学知识的重要环节。练习的方式和步骤应根据教学目的进行选择和设计,并遵循由易到难、由浅入深的原则。英语课堂听、说、读、写的训练在各教学阶段可以有所侧重,尽量综合进行。同时,练习形式和方法要灵活多样,还应注重情境的创设,以激发学生的学习兴趣,提高语言运用能力。

通过备课,教师可以掌握教学目标,鉴别和选择教学内容,选择适当的教学用具,在课堂教学时间充分发挥自身的主导作用,最大限度地提高教学效率。

二、教学目标

教学目标是教学活动的核心,是成功开展教学活动的前提。

教学目标是课堂教学诸因素的核心,它明确课堂上学生应掌握什么,掌握到什么程度。课程标准从不同的维度提出了不同能力层级的具体教学目标。英语课程改革主要是指三个方面:其一是关注学科育人价值;其二是关注学生思维发展;其三是关注学科核心素养。英语学科的核心素养包括语言能力、文化意识、思维品质和学习能力四个维度。语言能力是核心素养的基础要素,文化意识体现核心素养的价值取向,思维品质反映核心素养的心智特征,学习能力是核心素养发展的关键要素。核心素养的四个方面相互渗透,融合互动,协同发展。义务教育阶段,学生应通过英语课程的学习,达到如下目标。①发展语言能力。能够在感知、体验、积累和运用等语言实践活动中,认识英语与汉语的异同,逐步形成语言意识,积累语言经验,进行有意义的沟通与交流。②培育文化意识。能够了解不同国家的优秀文明成果,比较中外文化的异同,发展跨文化沟通与交流的能力,形成健康向上的审美情趣和正确的价值观;加深对中华文化的理解和认同,树立国际视野,坚定文化自信。③提升思维品质。能够在语言学习中发展思维,在思维发展中推进语言学习;初步从多角度观察和认识世界、看待事物,有理有据、有条理地表达观点;逐步发展逻辑思维、辩证思维和创新思维,使思维体现一定的敏捷性、灵活性、创造性、批判性和深刻性。④提高学习能力。能够树立正确的英语学习目标,保持学习兴趣,主动参与语言实践活动;在学习中注意倾听、乐于交流、大胆尝试;学会自主探究,合作互助;学会反思和评价学习进展,调整学习方式;学会自我管理,提高学习效率,做到乐学善学。[①]

普通高中英语课程的总目标是:全面贯彻党的教育方针,培育和践行社会主义核心价值观,落实立德树人的根本任务,在义务教育的基础上,进一步促进学生的英语学科核心素养的发展,培养具有中国情怀、国际视野和跨文化沟通能力的社会主义建设者和接班人。[②]

基于课程的总目标,普通高中英语课程的具体目标是培养和发展学生在接受高中英语教育后应具备的语言能力、文化意识、思维品质、学习能力等学科核心素养。学科核心素养是学科育人价值的集中体现,是学生通过学科学习而逐步形成的正确价值观念、必备品格和关键能力。

英语课堂教学目标的设定不仅与教学的结果有联系,而且还涉及目标实现的方式和过程。目标是预先设定的教学结果,即对教学实际结果的预测。目标的设定既要注意其实现的可行性,也要注意创新性、挑战性,目标不能过高,也不能过低。具体说来,应注意以下几点。

第一,根据教材分析设定教学目标。依据英语课程标准对相应级别学习的目标要求和教学理念,以及所使用的教材内容的目标要求,通过设定具体的教学活动来设定目标。

第二,根据学情分析设定教学目标。目标的设定要根据学生及其教学的实际情况来设定,即考虑学生的已有知识和经验、学生的需求和认知水平。脱离实际设定的目标往往可望

[①] 中华人民共和国教育部. 义务教育英语课程标准[S]. 北京:北京师范大学出版社,2022:5-6.

[②] 中华人民共和国教育部. 全日制义务教育普通高级中学英语课程标准(实验稿)[S]. 北京:北京师范大学出版社,2001:1-2.

而不可即,这就要求教师的目标设定要适度,要准确地预测学生最终能够达到的结果。

第三,设定具体的、可测量的教学目标。教学目标应该是行为状态和变化的明确且具体的表述,具有可操作性和可检测性。① 教学目标的设定要具体,例如识记类的目标,可用"列清单""匹配""认出"等语言表述,忌空泛,"培养学生的听、说、读、写能力""培养学生快速阅读的技能"这样的目标表述无法评价教与学的效果。

第四,设定过程和结果统一的教学目标。设定课堂教学目标的同时,还应注意教学过程中每个教学环节的目标,使得教学目标与实现目标的过程达到统一和协调。

总而言之,要根据英语课程标准,确定具有学科特色的教学目标,把教学内容分析和学情分析作为确定教学目标的依据。可结合布鲁姆的教育目标分类法对教学目标的分类进行表述,即知识、领会、应用、分析、综合和评价。

教学目标的表述要明确目标行为的主体,预设的教学目标要具体,要体现知识、技能、情感态度、价值观目标,同时呈现梯度化。注意采用行为动词的表述方式,避免抽象概括的表述;表述要以学生的学习所得为对象,而不是以教学行为为对象。

◆ 知识运用

教学案例 1:请分析该教学目标表述是否符合目标表述的要求。

在做外研版《英语》(新标准)七年级下册 Module 11,Unit 2 教学方案设计时,一位教师设计了如下教学目标。

(1) Students will be able to introduce Yang Liwei as a national hero with facts about his life.

(2) Students will be able to use tables to get information while reading.

(3) Students will be able to compare the different ideas about heroes in different countries.

(4) Students will be able to evaluate the heroes in our culture.

案例分析

首先,从上述案例中可以看出,教师设定的教学目标是以学生为主体设计的,体现了学生在课堂教学中的主体地位。其次,该案例中的教学目标涵盖了英语综合语言运用能力的五个方面,考虑到知识与技能的不可割裂性,教师在目标(1)中综合表述了知识技能目标,目标(2)则是在阅读中利用表格归纳信息的认知策略,目标(3)体现了中西方文化对比的文化意识目标,目标(4)则是情感态度目标。

有的教师会有疑问:一节课能完成这么多的教学目标吗?其实,多维的教学目标并不意味着教师要对这些教学目标平均使力,目标中分主要目标和次要目标。其中,主要目标是本节课的学习重点。

---

① 李宝荣. 中学英语教学设计优化策略[M]. 北京:北京师范大学出版社,2018:27.

三、教学重点与难点

(一)教学重点

教学重点是指教学中的重点内容,是课堂教学中需要解决的主要矛盾,是教学的中心所在,是构成每个教学阶段的基础知识和思想方法。教学重点是针对教材中的学科知识系统、文化教育功能和学生的学习需要而言的。因此,它包含重点知识和具有深度教育性的学科内容。重点的内涵主要包括以下三个方面:从学科知识系统而言,重点是指那些与前面知识联系紧密,对后续学习具有重大影响的知识、技能,即在学科知识体系中具有重要地位和作用的知识、技能;从文化教育功能而言,重点是指那些对学生有深远教育意义和功能的内容,主要是指使学生终身受益的学科思想、精神和方法;从学生的学习需要而言,重点是学生学习中遇到的需要及时得到帮助以解决的疑难点。

(二)教学难点

教学难点是指那些结构复杂、抽象,教师较难讲清楚,学生较难理解或者容易理解错和运用错的那部分知识、技能与方法。

由于词法、句法、篇章等结构复杂、概念抽象,学生难以理解,或者新知识与学生已有知识关联不大,学生旧知识掌握不牢,教学难点就会产生。

(三)突出重点、突破难点

教师根据课程标准、学生的学情分析和知识内容,明确了教学重点与难点,在教学过程中应合理安排教学时间,做到主次分明。采用适当的教学方法,对重点内容进行深入浅出的讲解,详略得当。板书要突出重点,可用彩色粉笔、下划线等方法让学生对教学重点留下深刻的视觉印象,并针对教学重点进行课堂巩固训练、布置家庭作业。

教师在突破教学难点实施策略时,应根据问题症结和难点实质,用富有启发性的教学方式,尽量创设合理情境,引导学生探究问题。同时,教师在教学过程中要帮助学生尽快找到新旧知识的连接点,让他们在原有知识背景和经验中找到新知识的位置,并将新知识同化到自己的知识结构中去。对学生而言,书本知识多是间接经验,学生只有把它和直接经验结合起来,获得直接经验的支持和帮助,才能理解和运用。

◆知识运用

教学案例 2:请分析以下教学目标表述是否符合目标表述的要求。

教学内容简介:人教版《英语》八年级下册第四单元。第一课时,主要通过听、说活动,帮助学生理解、初步体验话题目标语言,为下一步话题的读、写学习打下词汇和话题语言基础。第二课时,通过阅读话题目标语言在短文中的应用、话题图片情景描述和采访活动,让学生进一步理解目标语,初步运用目标语(A:What were you doing when the rain storm came?

B: I was...)。

重点：Students can extend and summarize the meaning and usage of the past continuous tense by reading and task activities.

难点：Students can use the target language by pictures and interview activities in the situation.

四、教学情境的创设

（一）教学情境的含义

教学情境是指具有一定情感氛围的教学活动。孔子说："不愤不启，不悱不发。举一隅不以三隅反，则不复也。"这两句话在肯定启发作用的情况下，尤其强调了学生在被启发前进入学习情境的重要性。美国教育心理学博士戴维·H. 乔纳森认为，教学情境是指利用一个熟悉的参考物，帮助学习者将一个要探究的概念与熟悉的经验联系起来，引导他们利用这些经验来解释、说明、形成自己的科学知识。构建良好的教学情境能充分调动学生学习的主动性和积极性，启发学生思维、开发学生智力，是提高英语教学实效的重要途径。

教学情境就其广义来理解，是指作用于学习主体，使之产生一定的情感反应的客观环境。教学情境从狭义来讲，则是指在课堂教学环境中，作用于学生而引起积极学习情感反应的教学过程。

具体说来，我们所说的教学情境，指教师在教学过程中，以教材为依据，为了达到既定的教学目的，从教学需求出发，引入、制造或创设与教学内容相适应的，以形象为主题的，富有感情色彩的具体场景或氛围。它以直观的方式再现书本知识所表现的实际事物的相关背景。

（二）创设教学情境的原则

直观教学原理从实践论出发，认为教学要从感性认识入手，让学生在特定的情境中感知、理解、运用所学知识。从心理学的角度看，学生的学习心理分为认知因素和情感因素。从情感因素看，学生所学的知识能激发他们的情感，推动他们认知活动的进行。语言是交流和沟通的工具，在英语课堂教学时，应充分考虑学生的感性认识和学习心理因素，在创设教学情境时应遵循如下教学原则。

第一，针对性原则。教学情境是教师的一项常规教学工作，创设有价值、有针对性的教学情境则是教学改革的重要环节。创设教学情境要从教学目标出发，真正为教学服务，以实现"三维目标"为基本价值标准。

第二，开放性原则。教学情境的创设是要为学生提供一个有利于感悟知识的环境，帮助学生独立观察、分析、判断、思考、建构知识。开放是自主的前提，自主是开放的体现。学生在开放的情境中，以各自的经验、知识、灵感，采取不同的途径，通过体验情境，经过思考、归纳等复杂的心理活动，探索知识，掌握基本技能。

第三，生活性原则。新课程呼唤科学世界向生活世界的回归，强调情境创设的生活性，其实质是要连接生活世界与科学世界。为此,首先,要注重联系学生的现实生活,在学生鲜活的日常生活环境中发现、挖掘学习情境的资源。其次,要挖掘和利用学生的经验。陶行知先生有一个精辟的比喻——"接知如接枝",他说:"我们要以自己的经验做根,以这经验所发生的知识做枝,然后别人的知识方才可以接得上去,别人的知识方才成为我们知识的一个有机部分。"任何有效的教学都始于对学生已有经验的充分挖掘和利用。学生的经验包括认知经验和生活经验。① 美国著名的教育心理学家奥苏伯尔有一段经典的论述,"假如让我把全部教育心理学归纳为一条原理的话,那么,我将一言以蔽之:影响学习的唯一最重要的因素就是学生已经知道了什么,要探明这一点,并应据此进行教学。"这段话道出了"学生原有的知识和经验是教学活动的起点"这样一个教学理念。

第四,区别性原则。教学情境的创设要考虑不同年龄阶段学生的心理特点和认知规律。由于小学、初中、高中各阶段学生的年龄、心理特点、认知水平、思维方式都有所不同,教学情境要根据学生的实际情况来设计。真实的课堂应面对学生真实的学习起点,展现学生学习知识的原生态。

第五,趣味性原则。夸美纽斯曾说:"兴趣是创造一个欢乐和光明的教学环境的主要途径之一。"当学生对学习产生兴趣时,他就会积极、主动、心情愉快地学习,反之则会认为学习是一种负担。因此,情境的创设要吸引学生对学习内容的关注,激发他们的学习热情。

第六,学科性原则。学科性是教学情境的本质属性。情境创设要体现英语学科特色,紧扣教学内容,凸显学习重点。当然,教学情境应是能够体现学科知识发现的过程、应用的条件以及学科知识在生活中的意义与价值的一个场景。只有这样的情境才能有效地阐明学科知识在实际生活中的价值,帮助学生准确理解学科知识的内涵,激发他们学习的动力和热情。要挖掘学科自身的魅力,利用学科自身的内容和特征来生发情境,利用英语的人文性、应用性创设英语教学情境,将知识与技能融入实际生活场景,加深学生的理解,提高学生的综合语言运用能力。

第七,品位性原则。创设情境不仅要有趣味,还要有品位,要有文化的内涵、情感的熏陶和美的欣赏,要对学生发展有益,符合民族社会主流文化价值观,为学生人文精神和人文素养的提升构建一个恰当的平台。

第八,时代性原则。时代在发展,社会在前进,我们周围的生活环境在不断发生变化。教师应该用动态、发展的眼光来看待学生。随着互联网的兴起,学生获取信息的渠道越来越多样化。因此,在教学中问题情境的创设要有现代气息,要将现实生活中发生的与学习有关的素材及时引入课堂,以增强教学的时代性。否则,停留在陈旧模式上的教学情境,很难真正吸引学生。

(三)创设教学情境的策略与方法

教学设计预设情境。在教学设计过程中,教师要充分了解学生的基本情况,包括学生的认知基础、学生对新知识的掌握情况、学生的认知能力情况、学生的认同程度及想法,综合考虑实际可能出现的问题,根据课堂教学目标要求,预先设计教学情境。

---

① 余文森. 关于教学情境[J]. 职业教育研究,2007(9):63.

教学过程创设情境。在教学过程中,教师应根据学生的学习进展,灵活创设情境。英语课堂常常用如下的方法来创设情境:运用多媒体辅助英语教学,创设丰富多彩、形象生动、妙趣横生的教学情境,调动学生的视听感官,激发学生的学习兴趣,提高课堂的信息容量;结合学生情况及教学内容,设计多样化的教学活动,如小组竞赛、角色表演、上网查询、社会调查、游戏活动等;语言情境是英语教学活动中的必备条件,教师常常将口头语言或身体语言与其他直观手段结合运用,把学生带入特定的情境。此外,运用问题和实物创设情境也是英语课堂常常用到的方法。

◆ 知识运用

教学案例 3

(选自《中小学外语教学与研究》2010 年第 10 期)

教学内容简介:本课时的内容是译林版《牛津英语》Grade 9A,Unit 6 Reading 部分的《Murder in Valley Town》,这是一篇关于谋杀案的新闻报道。该阅读材料篇幅较长,且是新闻体裁,在顺叙的报道中插叙了许多信息,时而写受害者,时而写侦探,时而又写嫌疑人。直接引语和间接引语交替使用。学生在阅读时很难理清逻辑关系,理解故事情节。

教学情境设计欣赏

1. 利用图片,创设直观的情境

在读前环节,提出以下问题:①"Can you guess what happened?";②"Now the police are here. What will they do?"。借助多媒体呈现逼真的画面,创设谋杀现场与警察亲临现场破案两个栩栩如生的情境,激活学生新、旧语言知识之间的联系,并结合以上图片依次呈现生词和词块。

2. 利用声音,创设逼真的情境

利用声音创设逼真情境的关键是要与教材的基调、意境和情境的发展相协调。在读前环节,用刺耳的警笛声吸引学生的注意力,把学生的思维迅速拉进破案情境。①"What did you hear just now?";②"Can you guess what happened?"这两个问题可以开启学生的思维。

3. 精心设计问题,创设问题情境

在读前环节,提出以下问题:①"What do you think they will find here?";②"Do you think the police need to talk to someone?"。连环问题构成的破案情境是为激发学生阅读兴趣、完成词汇教学、扫清阅读障碍、导入阅读教学服务的。有梯度的问题所创设的破案情境符合学生的认知水平和规律,层层深入,能吸引学生的注意力,促使学生主动、积极地思考问题。

4. 利用任务活动,创设情境

在阅读环节的四次小组活动中,创设任务活动情境,学生通过扮演角色体验课文角色的心理变化,自然地加深了内心体验,并学会把语言知识转化为语言技能。

5. 组织讨论,创设交流情境

在读后环节,以"Do you think the suspect is guilty? Why? If he is guilty, can the police arrest him?"等为话题的交流情境,训练了学生的逻辑推理能力、预测能力和交际能力。在

交流情境"If you have some information, will you report it to the police? Why or why not?"中,有计划地组织学生讨论,为他们提供思维摩擦与碰撞的环境,就是为学生的学习搭建更为开放的平台。学生在独立思考的基础上合作,有利于活跃其思维。

五、教学过程的安排

教学过程就是教学活动开展的程序与时间流程,教学过程设计是为了有效地达到预期的教学目标,针对学生的特点、教学内容和教学媒体的条件所采用的教学策略和教学步骤。①

(一)教学启动②

教学启动环节通常由热身复习(warming up)开始。热身复习是指学生在新语言学习之前复习已学的知识,为新语言学习进行准备。通过复习,激活与本节课教学重点密切相关的已有知识、技能、能力。复习要尽可能让全体学生参与,同时针对学习本节课内容有困难的群体,设计单独的、有效的复习活动。这样可以使这些学生在学习新语言时不再出现新的困难,做到新语言当堂掌握,不留新的后遗症。

(二)语言学习

语言学习过程分为导入、呈现、语言学习,以及语言学习中的情感、策略和文化意识。

第一,导入。导入是学生进入新课文学习之前的新语言学习(language learning),是教师从学生已经掌握的语言引导出新语言的活动。

教学中可采用任务引导、情境引导、知识引导、真实生活事件引导、新闻引导等方式导入新语言。导入方式的选择要符合教学内容的类型,要针对教学重点和教学难点。对于运用难度较大的语言,可用任务导入;对于情节很复杂的故事,可用情节导入;对于知识性很强的课文,可用知识导入;对于反映学生生活(如参观博物馆)的课文,可从本班学生类似的生活经历(如刚结束的参观活动)导入;对于事件性的课文,可借助近期的一则新闻来导入。

在导入时,教师已经开始讲授新的语言知识、培养新的语言能力。导入的成功与否关系到新的教学内容能否顺利完成,能否达到预期的教学效果,学生能否掌握新语言。导入如果不成功,则可能使新的教学内容成为"夹生饭",导致要花更多的时间和精力来完成教学任务。导入对新语言的学习很重要。

第二,呈现。新语言的呈现就是把课文呈现给学生。这是对新语言运用形态的第一次直接把握,对于学生形成恰当的语言运用能力非常重要。

呈现教学内容的方式通常有挂图呈现或简笔画呈现、教材录像呈现、录音呈现、动画录像呈现等。呈现的方式最好是结合真实的语境和真实的语用目的整体呈现。有的教师习惯于从词汇开始呈现课文,然后呈现语句、语篇,这往往导致无法很好地呈现语言的运用形态。

---

① 张志富.英语学科知识与教学能力[M].北京:高等教育出版社,2011:186.
② 鲁子问,王笃勤.新编英语教学论[M].上海:华东师范大学出版社,2006:46-51.

教师如果从语篇开始呈现,让学生首先看到课文整体,然后看段落、语句,再到词语的用法,这样学生就能了解是在一个什么样的语境中,为了什么语用目的而学习新语言。

在呈现课文时,不仅应把新出现的词汇、语句、语言知识、语言功能等呈现给学生,更应呈现语言的运用形态,呈现新语言是在怎样的语境中,为了什么语用目的而运用的。呈现有时不是一次就能完成的活动,对同一语言知识和能力通常可安排多次呈现活动,让学生更好地理解和掌握所呈现的语言知识和能力运用的真实语境、真实的语用功能和真实的语义表达。

新语言内容较多时,呈现可与导入学习交替进行。一边导入,一边呈现,一边学习,然后再导入、呈现和学习新的语言。

第三,语言学习。语言学习通常包括教师的讲解与例释、学生的操练与巩固。

(1)讲解就是学生在课文呈现环节第一次接触到新语言之后,教师对新语言的各个层面的讲解。讲解的内容可以是词汇讲解、结构讲解、语义讲解、语境讲解、语用讲解。讲解可以采取学生自我发现、引导归纳、直接演绎等教学方式,把知识、技能、能力整合成以能力为中心的内容进行讲解。

(2)例释就是教师就新语言给学生更多的例句,帮助学生更好地理解新语言,更全面地了解新语言的运用形态。例释中要采用有语境、有明确的语用功能的例句,这样才能给学生呈现语义明确、语境和语用真实的语句。例释中还要注意避免为了说明某些语法知识而任意编造出来的、在真实语言表达中根本不可能出现的例句,让学生学习如何运用真实的英语。

(3)操练是学生在理解新语言的语义、语境、语用形态之后,在教师指导下进行简单的操作性的运用训练。操作性的练习,就是直接的练习。操练应该尽可能避免机械性操练,用语境化操练来培养语言运用能力。

(4)巩固是将教学内容转化为学生自己的知识和能力的关键性环节。巩固通常被认为是课外活动,但课堂巩固也非常重要,因为它对学生可以起到强化掌握语言运用形态的作用。在巩固中如果出现控制性错误,必须明确而适时地纠正。但如果学生出现非控制性错误,则可以根据错误的可接受程度、教学时间是否允许、是否会影响学生表达的流利性等情况选择纠正或不纠正。

当新语言内容比较多的时候,在语言学习时可以让导入、呈现、讲解、例释、操练、巩固交替进行,也就是导入、呈现一部分新语言,然后对已经呈现的新语言进行讲解、例释、操练、巩固;之后再呈现另一部分新语言,再讲解、例释、操练、巩固这一部分新语言。这些活动并不是非要按照这个序列进行,而可以根据教学需要灵活地选择。

第四,语言学习中的情感、策略、文化意识。根据《英语课程标准》的要求,在中小学英语教学中,情感态度、学习策略和文化意识应该是教学的组成部分。对于情感态度、学习策略、文化意识的教学活动,有些可采取显性教学方法直接进行指导,有些则可以采取隐性教学方法间接进行培养。

(三)语言运用实践

语言运用实践是培养学生语言运用能力的课堂活动,是课堂教学的灵魂。

第一,运用训练。运用训练是学生学习新语言内容之后、进行实践活动之前的教学活动,让学生在新的语境下、为了新的语用目的,运用刚刚学习的语言,为开展运用实践做准备,因此,运用训练活动实际上是有引导的运用任务(guided tasks)。

运用训练是指将教学内容呈现给学生之后,让学生进行运用性训练。运用训练(practice)不同于操练(drill),运用训练是在一定的语境下,为了一定的语用目的而尝试性地运用所学的教学内容,而操练则是指为了帮助学生熟练使用某一语言形式而让学生进行重复性的训练。

第二,运用实践。运用实践是对学生是否能够运用所学新语言完成任务的直接反馈检测,是学生已经获得所学新语言的运用能力的标志。运用实践活动相当于任务教学的任务完成活动。运用实践包括演示和开展。

为了让学生熟悉完成运用实践活动的规则和程序,顺利完成运用实践活动,在开始的时候,教师应组织开展如何完成实践活动的演示。演示可以由教师进行,也可以由学生进行,而为了检测是否全体学生都能完成实践活动,应该选择有一定难度的学生演示,以便发现问题,及时强化。

在演示之后,应组织全班学生完成运用实践活动,对于完成实践活动中出现的控制性错误,明确、适时地进行纠正,而对于非控制性错误,则可以选择是否进行纠正。

(四)总结与作业

课堂教学的结束活动(summing up)对中小学英语课堂教学非常重要,可以帮助学生对新语言形成明晰的认识,对巩固所学新语言有比较明显的作用。

第一,总结。在课堂教学结束时,可以对本节课的教学内容进行归纳总结。课堂总结能帮助学生形成明确的语言意识,强化学生对所学新语言的记忆。总结可以让学生明确本节课的课后复习巩固目标与重点,所以,总结应该与布置作业衔接起来。

第二,布置作业。课后作业是学生巩固课堂所学内容的有效活动,是课堂活动的延伸,课后巩固是将教学活动转化为学生自己的知识和能力的关键环节。课后作业可以是书面的,也可以是口头活动,甚至是游戏。

◆ 知识运用

教学案例 4

下面是两位教师为学生布置的作业。

Teacher 1

Homework:

1. Write new words and phrases on the notebook.

2. Finish exercise 3 on Page 21. (Textbook)

3. Finish exercises on Page 20-24. (Exercise book)

Teacher 2

Homework:

1. Search for some relative information about today's lesson on the Internet.
2. Share your findings with your group members and present to all students next class.

根据上面的信息,思考以下三个问题:

(1)布置作业有什么意义?

(2)分析两位教师布置作业的特点,并指出不足之处。

(3)教师在布置作业时应注意哪些问题?

案例分析

(1)布置作业的意义有以下几点。

①可以及时检查学生听课的效果和掌握知识的程度,及时发现学生所学知识的缺漏并加以弥补。

②可以加深学生对知识的理解和记忆。作业是对知识的具体应用,作业使知识的掌握变得更加准确、灵活和充实,促进知识的"消化"过程,使知识的掌握进入应用的高级阶段。

③可以提高学生的思维能力,培养学生独立学习的能力和习惯。作业可以要求学生把所学的知识运用于生活中,让他们学会解决问题。比如,与外国友人交流,可锻炼他们的交际能力;作业中的问题可以引发学生积极思考,使学生在分析和解决问题的过程中得到思维的锻炼。

④可以给教师提供教学的信息反馈,是检测、调控教学进程的依据。教师从作业的批改中能全面了解学生对课堂的接受程度、个体的离散和差异,进而有针对性地辅导学生,更有效地帮助学生掌握书本知识,同时有针对性地安排后续章节的教学。

(2)第一位教师布置作业的特点是作业布置紧贴考试内容,注重知识的掌握。不足:比较枯燥、死板,无法引起学生的兴趣;作业量太大。

第二位教师布置作业的特点是注重锻炼学生搜集资料、自主学习、团队合作的能力。不足:作业的完成缺乏有效的监督,很难检查学生是否认真搜集资料并与小组其他同学进行了分享和讨论。

(3)注意事项如下。

①量的适中性。作业太少,达不到目的;作业太多,会使学生望而生畏,甚至会损害学生学习英语的积极性。教师应指导学生在有限的时间内,主要进行学习方法的探索和知识的系统归类。因此,教师应把握好作业的量。

②难度的层次性。作业太难,基础差的学生干脆不写,或者抄袭别人的作业;作业太简单,基础好的同学会感觉毫无挑战性。因此,教师设计作业要充分考虑到学生的个体差异,把握好布置作业的难度。

③内容的针对性。作业要强化教学目标,突出重难点,指导学习方法等, 要有明

案例分析

④完成的有效性。教师布置的口头作业,如记忆语篇,和同伴进行一段情景对话,用英语向家人介绍某人、某物等,由于没有及时有效的监督和检查,有的学生可能会忽视这项作业,失去锻炼口头交际能力和语言综合运用能力的机会。针对此现象,教师在布置作业时要确保作业的有效完成。

⑤形式的多样性。作业形式要新颖有趣,形式多样,不能只是抄写单词、句型、语篇,因为机械重复很枯燥,没有挑战性,无法引起学生的学习兴趣。

教学案例 5（教学实践）

这是一个头脑风暴的活动,是 2005 年天津全国初中优质观摩课的一个教学片段。

教学目标:学生能够理解什么是 brainstorming（头脑风暴）,并且能以小组为单位完成一个头脑风暴的任务:How can we stop the water pollution?

过程说明如下。

(1)教师先用简单易懂的语言和手势提问、介绍什么是头脑风暴:"Do you know what is brainstorming? That is a group of people get together, including you, and then have a discussion. And at last, you'll have a conclusion."

(2)分条讲解开展小组活动的要求。

(3)用幻灯片逐条展示和解说每个学生的角色和分工,使人人都能参与小组活动。

案例分析

在这个案例中,教师熟练地运用了导入、介绍、讲解、提问、教学语言等技能,条理清晰地解释了什么是 brainstorming,并且对小组活动的要求和安排也做了清楚而详细的解释。无论是教学语言,还是组织形式,都围绕目标而进行。从现场实施的效果来看,也的确很好地达成了目标。

教学案例 6

根据以下教学素材,分析所给教案的优缺点。

请阅读下面学生信息和语言素材,设计 15 分钟的英语阅读教学方案。教案没有固定格式,但必须包含下列要点。

(1) Teaching objectives;

(2) Teaching contents;

(3) Key and difficult points;

(4) Major steps and time allocation;

(5)Activities and justifications。

教学时间:15分钟

学生概况:某城镇普通初中二年级第一学期学生,班级人数40人。多数学生已经达到《义务教育英语课程标准(2011年版)》三级水平。学生课堂参与的积极性一般。

语言素材选自人教版《英语》八年级上册,Unit 7,Section B。

Do You Think You Will Have Your Own Robot?

1. When we watch movies about the future, we sometimes see robots. They are usually like human servants. They help with the housework and do jobs like working in dirty or dangerous places.

2. Today there are already robots working in factories. Some can help to build cars, and they do simple jobs over and over again. Fewer people will do such jobs in the future because they are boring, but robots will never get bored.

3. Scientists are now trying to make robots look like humans and do the same things as we do. Some robots in Japan can walk and dance. They are fun to watch. However, some scientists believe that although we can make robots move like people, it will be difficult to make them really think like a human. For example, scientist James White thinks that robots will never be able to wake up and know where they are. But many scientists disagree with Mr. White. They think that robots will even be able to talk like humans in 25 to 50 years.

4. Some scientists believe that there will be more robots in the future. However, they agree it may take hundreds of years. These new robots will have many different shapes. Some will look like humans, and others might look like animals. In India, for example, scientists made robots that look like snakes. If buildings fall down with people inside, these snake robots can help look for people under the buildings. This was not possible 20 years ago, but computers and rockets also seemed impossible 100 years ago. We never know what will happen in the future!

某中学教师的教案:

Teaching Contents:

This article introduces the state of robots and scientists' different points of robots.

Teaching Objectives:

(1)Knowledge objective.

Students can know more knowledge about robots and master the use of future indefinite tense.

(2)Ability objective.

Students can improve their fast reading skill and speaking ability, and develop their imagination.

(3)Emotional objective.

Students can be interested in robots.

Teaching Key Point:

Students can learn the future indefinite tense.

Teaching Difficult Point:

Students can use <u>will</u> to make predictions in daily life.

Major Steps:

Step 1 Pre-reading (2 minutes)

Show some pictures about robots and ask students some questions.

(1)Do you know what robots can do for us now?

(2)Can you imagine what robots will become of in the future?

(Justification: This step can catch students' attention and lay better English learning surrounding for the further study.)

Step 2 While-reading (8 minutes)

1. Fast reading

Ask students to read this passage quickly and conclude the main idea of each paragraph then choose some students to share their ideas.

2. Careful reading

(1)Ask students to read this passage carefully and judge the following statements as true or false.

① Some scientists think we will have our own robots in the future.　　　　(　)

② James White thinks that it's easy for a robot to do the same things as a person.

(　)

③ Some scientists think that robots can talk to people now.　　　　(　)

④ Robots working in factories look more like huge arms.　　　　(　)

⑤After an earthquake now, a snake robot can help look for people under buildings.

(　)

(2)Ask students to underline all the sentences of future indefinite tense and teach them how to use "will" to make predictions. Then divide students into several groups to talk about the future by using "will".

(Justification: This step can help students to get a better understanding about this article and master the future indefinite tense.)

Step 3 Post-reading (5 minutes)

1. Ask students to talk about these questions: In what ways do you think a robot will help or block you in the future? What is your attitude toward the future of robots, optimistic or pessimistic?

2. Ask students to write down their ideas about robots and invite some to share the ideas with classmates.

(Justification: This step can improve students' writing and speaking abilities.)

教学案例 7

请阅读下列听力课面试的教学要求,思考:教师在进行教学设计时,需要考虑哪些因素?

题目来源	2019上半年初中英语教师资格面试真题
试讲题目	1.题目 听力教学试讲 2.内容 Ann：So, tell me about your trip to Egypt. How high are the pyramids? Steve：They are huge! One of them—the Great Pyramid of Khufu—is 137 meters high. Ann：How far are the pyramids from Cairo? Steve：They are very close. Just a few kilometers to the west of Cairo. Ann：And how old is the Great Sphinx? Steve：It is more than 4500 years old! Ann：Wow! How high is it? Steve：It is about 20 meters high. Ann：How long is the Nile river? Steve：It's 6671 kilometers long. 3.基本要求 (1)朗读所给对话。 (2)配合教学内容适当板书。 (3)针对该段落的内容,设计记录关于数字的信息。 (4)用英文试讲。 试讲时间:10分钟。

【教学设计举例】

Teaching aims

Knowledge aim：

Students can get the main idea of the dialogue.

Students can master the sentence patterns，such as how high...? how far...? and so on.

Ability aim：

Students can improve their listening skills by grasping the key words in the listening materials.

Emotional aim：

Students can be more interested in learning English.

Students can be willing to share their travel experience with others.

Key and difficult point：

Key Point：Students will have a basic understanding of the listening materials and master the sentence patterns.

Difficult Point：How to use the sentence patterns to ask features of scenic spots and historical sites freely in their daily communication.

Teaching procedure：

Step 1：Warming-up

1. Greetings.

2. Let students enjoy a beautiful song called "Five Hundred Miles". And then ask them a question: Have you ever been away from home and visited a new place? Then lead in the lesson.

Step 2: Pre-listening

Show students a picture of the Great Pyramid of Khufu. Then ask students to make a prediction about what they are going to listen to today.

Step 3: While-listening

1st listening: Ask students to listen to the tape for the first time and then tell me the main idea of the dialogue. After that, they should check if their prediction is correct or not.

2nd listening: Ask students to listen to the tape for the second time and then ask them to pay attention to numbers mentioned in the listening material. After that, ask them to tell me the numbers and write them on the blackboard.

3rd listening: Ask students to listen to the tape for the third time, and try to remember the place names. After that, they should match the numbers with the correct place names on the blackboard.

Then ask them to read the passage, and then write the sentence pattern on the blackboard and teach them directly.

Step 4: Post-listening

Ask students to have a discussion about one of their most unforgettable trips. Four students in a group and give them five minutes. After that, invite some groups to share their experience with the whole class.

Step 5: Summary and Homework

Summary: Ask a student to make a summary about what we have learned today and others make a supplement.

Homework: Ask students to practice the dialogue with their friends and share what we learned today with their parents after class.

Blackboard design:

A Trip to Africa

Describe features: How long/high/old...

137 meters	the Great Sphinx (more than 20 meters high)
4500 years	the Great Pyramid of Khufu (to the west of Cairo)
6671 kilometers	the Nile River

第二章 英语教学论

第四节 英语教学评价

教学评价是英语课程的重要组成部分,其目的是促进英语学习,改善英语教学,完善课程设计,监控学业质量。科学的评价体系是实现课程目标的重要保障。英语课程的评价应体现以人为本的教育理念,这种评价以学科核心素养的内涵与水平划分为依据,涵盖教学内容的各个方面,体现学业质量的指标要求,采用科学、合理的评价方式和方法,对教学过程实施有效监控,对学习效果进行适时检测,是一种学生学科核心素养发展状况的评价。教学评价应贯穿教学过程的始终,体现在教学实践的各个环节,既包括多途径收集信息的过程,也包括针对教学实践的各类反馈信息。①

一、教学评价的含义

简单地说,教学评价是对教学活动质量所做的测量、分析和评定。它是在一定的评价理念指导下,以课程与教学目标为依据,按照科学的标准,运用有效的技术手段,对教学过程及结果进行测量并给予价值判断的过程。② 在这一过程中,运用多种科学可行的方法或手段系统地收集、分析和整理信息资料,对教学活动中的要素、过程和结果进行价值判断,从而为学生全面发展、教师专业发展和教育教学发展提供服务和决策的过程。

二、教学评价的功能

(一)促进教师专业发展的重要途径

教学评价能够引导教师树立正确的教学观。教师是否具有正确的教学观,直接影响着其教学质量的高低和教学方向。教师的教学行为在一定程度上反映了其教学思想与观念。通过教师对教学目标的设计、教材的分析与组织、教学方法的运用、教学媒体的选用、教学过程的设计与调控等外显的教学行为,可以评价其教学思想与观念,从而引导教师树立正确的教学观。

教学评价还能促进教师提升教学水平。科学合理的教学评价,可以准确、及时地为教师提供反馈信息,从而引导教师发现教学中的问题,适时地调整教学进度,改变教学方法,革新教学手段,从而提升教学水平。

教学评价可以促进教师参与教学改革。教学评价对教学具有导向作用。科学的评价标准可以使教师有意识地在教学目标的设置、教学计划的编排、教学方法的运用以及教学媒体的选用等方面进行改革,还可以带动教师对教学技能进行积极的探索。

---

① 中华人民共和国教育部. 普通高中英语课程标准(2017年版)[S]. 北京:人民教育出版社,2018:80.
② 王本陆. 课程与教学论[M]. 3版. 北京:教育出版社,2017:224.

（二）促进学生不断发展的重要策略

教学评价能够促进学生改进学习方法。通过教学评价，可以使学生对自己的学习效果有所了解，从而判断学习目标是否切合实际、学习方法是否正确，还需要进行哪些努力，从而确立进步目标，端正学习态度，改进学习方法，最终达到预期的学习目的。

教学评价鼓励学生全面发展。教学评价对学生的学习也具有导向功能。教学评价不仅关注学生对语言知识与技能的理解和掌握，还关注学生在学习策略、文化意识、情感态度等方面的进步。全面化的评价内容和方法有利于鼓励学生的全面发展。

三、课程评价的基本理念与评价取向

（一）基本理念

课程评价既关注学习结果，也关注学习过程以及情感态度和行为的变化。应实现评价目标多元化、评价手段多样化、形成性评价和终结性评价并举、定性评价和定量评价相结合，创设激励性评价机制。

（二）评价取向

第一，评价目标多元化。要追求多元化的评价目标：第一，诊断学生的学习质量，引导学生的学习方向；第二，促进学生的全面发展，促进学生潜能、个性、创造性的发挥，使每个学生具有自信心和持续发展的动力；第三，检验教师的教学效果，调节教师的教学方法。

第二，评价过程动态化。评价不仅要关注学习结果，更要注重对学生的语言知识与技能的理解和掌握的现实状况进行评价；关注学生成长和发展的过程，注重对学生在语言学习过程中的参与状态、学习方式、思维方式，以及学生在学习过程中表现出来的学习主动性、创造性和积极性等进行评价，将终结性评价和形成性评价有机地结合起来；强调给予学生多次评价机会，其目的在于促进学生的发展；鼓励将评价贯穿于日常的教学行为中，使评价实施日常化、通俗化，如进行口头评价、作业评价、成长记录评价等。

第三，评价内容全面化。要注重对学生综合素质的考察，不仅关注学业成绩，而且关注学生的语言运用能力、情感体验等方面的发展；尊重个体差异，注重对个体发展独特性的认可，发掘学生多方面的潜能，帮助学生接纳自己，拥有自信；不仅考察知识或技能层面，同时关注文化意识、思维品质、学习能力等层面的考察，力求评价内容全面化。

第四，评价主体多元化。应建立开放和宽松的评价氛围，进行评价主体间的双向选择、沟通和协商；加强自评和互评，使评价成为教师、学生和家长共同积极参与的交互活动，实现评价主体的多元化。

第五，评价方法多样化。根据学生的差异，设计不同层次的评价目标，采取适当的评价方式，实现诊断性评价、形成性评价与终结性评价相结合，相对评价、绝对评价及个体差异评价相结合，定性评价与定量评价相结合，反思性评价与激励性评价相结合。

第六，着眼评价的赏励功能。新课改强调要强化评价的诊断和发展功能，弱化评价的甄别和选拔功能;倡导在教学活动和评价活动中发现学生的闪光点,培养学生的自信心,让学生保持健康的心态,为学生的学习成功创造良好的心理环境;强调把评价过程当作被评价者个人自我展示的平台,鼓励被评价者展示自己;使学生从评价中得到成功的体验,从而激发其学习动力,以达到促进学生全面发展,提高教育质量的目的。

四、评价方法的选择和使用

评价方法的选择和使用要符合诊断学生的学习质量和促进学生发展的基本目的。丰富而准确的评价信息是评价的基础。评价方法主要有纸笔测验法、档案袋法、观察法、谈话法、问卷法,评价类型有形成性评价、终结性评价、诊断性评价,定性评价和定量评价,相对评价和绝对评价,以及个体差异评价等。

(一)按评价功能分类

1.形成性评价

形成性评价是在某项教学活动中,为了更好地达到教学目标、取得最佳教学效果而不断进行的评价。它能用来及时了解某阶段教学的结果和学生学习的进展情况以及存在的问题,因此可据此及时调整和改进教学活动。

形成性评价在教学中用得最频繁,一节课或一个知识点之后的小测验就是一种形成性评价。形成性评价属于绝对评价,即用于判断前一段教学工作是否达到了教学目标的要求。课堂教学过程中进行的评价主要是形成性评价。对于提高教学质量来说,形成性评价比终结性评价更有实际意义。

在教学活动中形成性评价的主要功能是:①改进学生的学习;②为学生的学习定步(定步:pacing,是指在课堂学习中确定一系列课堂活动的速度,源于斯金纳发起的程序教学运动);③强化学生的学习;④给教师提供反馈。

形成性评价可采用不同的方法进行检测。比如,利用调查表和评价量表进行量化评价。调查表主要用于学生学习某一单元、某一课之前的简短调查。通过对学生的调查,一方面可以了解他们已有的水平和存在的问题;另一方面可以帮助教师及时调整教学进度和教学策略。评价量表用于学生进行一个阶段的学习之后所进行的综合评价,一般每个模块以2—3次为宜。评价量表通过项目、内容、等级、不同的评价者进行评价。如表2-1所示。

表2-1　＊＊学校九年级英语评价量表

评价项目	评价内容	评价方式		评价等级(A/B/C/D)			
		自评	小组评	A	B	C	D
学习态度与方法	具有较强的学习动机,积极主动优化自己的学习方法,乐于与人合作,具有自主学习能力,对自己承担的学习任务负责						

续表

评价项目	评价内容	评价方式		评价等级（A/B/C/D）			
		自评	小组评	A	B	C	D
课堂参与	积极参与课堂教学活动，在活动中积极与同学合作并扮演一定的角色，认真完成课堂布置的任务						
学习计划与监控	根据个人实际情况制订学习计划，根据学习达成度不断调整学习计划，反思自己学习中的得失，不断优化个人学习策略，全面评价自己的学习						
课外阅读	学会选择具有阅读价值的报刊、小说等课外读物进行阅读，学会搜集整理词汇和背诵经典名句，学会写读后感，每个模块学习完毕，课外阅读量不少于四万字，培养良好的阅读习惯						
参与英语活动（英语角、表演、演讲、竞赛等）	积极参与课外英语活动，主动在活动中扮演一定的角色，在活动中与人友好合作，积极参与其他英语竞赛活动，乐于与人分享自己的劳动成果						
英语写作	熟悉本模块所要求的写作体裁，认真完成教师布置的写作任务，努力提高自己的写作水平						
平时测验	分为四等，其中120—150分为A等，105—119分为B等，80—104分为C等，80分以下为D等	教师评					
对待评价的态度	进行自我评价和他评时是否认真、客观、公正						
综合评价							
组长签名		任课教师签名		学生签名			

　　形成性评价还可采用质性评价法，比如，优秀作品、概念图（学生学习完一个或几个单元以后，可以通过制作概念图的方式来归纳和总结阶段性学习的重点、难点、所需掌握的主要语言技能、各项语言知识之间的联系等）、录音或录像（对学生的口语进行录音或对学生的英语表演进行录像）、成长记录袋（主要收集学生在学习过程中完成的各种作品（如作业、论文、手工作品、表演录像等)，用以展现学生的努力、成就与进步。通过描述学生学习的过程与结

果、教师观察、访谈或座谈、读书笔记、项目和演示等质性评价法对学生的学习予以评价。

2. 终结性评价

终结性评价又称"总结性评价""事后评价",一般是在教学活动告一段落后,为了解教学活动的最终效果而进行的评价。学期末或学年末进行的各科考试、考核都属于这种评价,其目的是检查学生的学业是否最终达到了教学目标的要求。终结性评价重视的是结果,借此对评价者做出全面鉴定,区分出等级,并对整个教学活动的效果做出评定。

在教学活动中,终结性评价的主要功能是:①评定学生的学习成绩;②证明学生掌握知识、技能的程度和能力水平以及达到教学目标的程度;③确定学生在后续教学活动中的学习起点;④预测学生在后续教学活动中成功的可能性;⑤为制定新的教学目标提供依据。

终结性评价主要以考查学生综合语言运用能力为目标,学期课程终结性评价可采用期末考试或结业考试等定量评价的方式,也可以采取项目报告、小论文、表演或演示等形式。

考试应包括口试、听力考试和笔试等形式,全面考查学生的综合语言运用能力。口试应尽量采用主考教师与学生面对面的考试方式,可选择朗读、图片讨论、描述、角色扮演、情境交际、小组讨论等形式,教师可根据学生的特点和学校的资源进行命题。从内容来看,口试不仅要考查学生的语音语调、表达的流利程度、表达的可理解度、用词恰当程度等表达能力,还要考查学生的听力理解能力。此外,还要对学生所使用的交际策略、所具有的跨文化意识、表达中的行为等进行综合评价。纸笔测验包括听力、阅读理解、书面表达和语言知识考查等。其中听力可采取判断填空、排序、回答问题等形式;阅读部分除一般理解性的问题外,还可要求学生进行改写、续写、发表评论等;语言知识考查可以延用单项选择和部分完形填空题;书面表达可包含写作实用性命题作文和自由创作等多种形式。在具体试题设计过程中,要避免单纯考查语法的试题,增加具有语境的应用题型的比例,并且要在开放性试题(含写作)的设计方面有所突破,以便考查学生不同的思维水平。

3. 诊断性评价

诊断性评价也称"教学前评价",一般是指在某项教学活动前对学生的知识、技能以及情感等状况进行预测。通过这种预测可以了解学生的知识基础和准备状况,以判断他们是否具备实现当前教学目标所要求的条件,为实现因材施教提供依据。

在教学活动中,诊断性评价的主要功能是:①确定学生的学习准备情况,明确学生发展的起点水平,为教学活动提供设计依据;②识别学生的发展差异,适当安置学生;③辨别造成学生学习困难的原因,以作为采取补救措施的依据。

一般来说,教师对学生进行诊断性评价的手段主要有:以前的相关成绩记录、摸底测验、智力测验、态度和情感调查、观察、访谈等。

(二)按评价方法分类

1. 定性评价

定性评价是对评价材料作"质"的分析,运用的是分析综合、比较分类、演绎、归纳等逻辑分析方法,分析结果是没有量化的描述性资料。

2. 定量评价

定量评价是对评价材料作"量"的分析,运用的是数理统计、多元分析等数学方法,从纷

繁复杂的评价数据中提取出规律性的结论来。定量评价的方向、范围必须由定性评价来确定，所以定性评价与定量评价两者必须结合起来，互相补充，不可偏废。

（三）按评价标准分类

1. 相对评价

相对评价又叫"常模参照评价"，是在被评价对象的群体中建立基准，通常以该群体的平均水平作为基准，然后把该群体的被评价对象逐一与基准进行比较，以判断该群体中每一成员的相对优劣。

相对评价具有甄选性强的特点，因而可以作为选拔人才、分类排队的依据。它的缺点是不能明确学生的真正水平，不能表明他在学业上是否达到了特定的标准，对于个人的努力状况和进步的程度也不够重视。

2. 绝对评价

绝对评价又叫"目标参照评价"，是将教学评价的基准建立在被评价对象的群体之外，通常是根据教学大纲规定的教学目标来制定基准，再把该群体中每一成员的某方面的知识和能力与基准进行比较，从而判断其优劣。

绝对评价可以衡量学生的实际水平，了解学生对知识技能的掌握情况，宜用于升级考试、毕业考试和合格考试。它的缺点是不适用于甄选人才。

3. 个体差异评价

个体内差异评价又叫"个体参照评价"，是指将评价对象个体过去的成绩与现在的成绩进行比较，或把个人有关方面进行相互比较判断的评价。主要有两种方法：一是将评价对象的现在与过去进行比较；二是将评价对象自身的不同侧面进行比较。

个体差异评价的最大优点是充分体现了尊重个体差异的因材施教原则，适当减轻了被评价对象的压力。但是，由于评价本身缺乏客观标准，难以发挥评价的应有功能。

总而言之，评价是英语课程的重要组成部分。科学的评价体系是实现课程目标的重要保障，是对教学全过程和结果的有效监控。

通过评价，学生在英语学习过程中不断体验进步与成功、认识自我、建立自信、调整学习策略，促进学生学科素养的全面发展。

通过评价，教师获得教学反馈信息，对自己的教学行为进行反思与调整，不断提高教育教学的质量。

通过评价，学校及时了解课程标准的执行情况，改进教学管理措施与过程，促进英语课程的不断发展与完善。

第三章
英语教师论

第一节 英语教师素养

一、教师素养提出的背景

近年来,无论是在教育理论还是在实践领域,"核心素养"都是一个热词。教师的核心素养,即教师素养这个概念的形成有着深刻的时代和社会背景。

(一)国际对教育质量及学生核心素养问题的关注

在国际上,尽管没有对"核心素养"这一概念的统一界定,但对学生"核心素养"的培养仍然是当今国际教育发展的重要趋势之一。其中以经济合作与发展组织(OECD)和联合国教科文组织(UNESCO)的研究最为深刻、持久。

OECD 早在 1987 年就启动了"国家教育系统发展指标"项目(Indicators of National Education Systems,INES)。1991 年,OECD 改组成立了"学生成就结果研究组"(Student Achievement Outcomes Network),并于次年发表了《教育一览 1992》(*Education at a Glance in* 1992)。为界定学龄儿童和成人的学习结果或素养,OECD 启动的其他项目包括跨学科素养项目(Cross Curricular Competencies Project,CCCP)、国际成人素养调查项目(International Adult Literacy Survey,IALS)、人力资本指标项目(Human Capital Indicators Project,HCIP)、国际生活技能调查项目(International Life Skills Survey,ILSS)、国际学生评价项目(The Program for International Student Assessment,PISA)、素养的界定与遴选:理论和概念基础项目(Definition and Selection of Competencies:Theoretical and Conceptual Foundations,DeSeCo)。其中,DeSeCo 这个项目由社会学家、评价专家、哲学家、人类学家、心理学家、经济学家、历史学家、统计学家、教育学家以及决策者、政策分析师、

贸易联盟、雇主、全国性和国际性组织代表共21人组成,于1999年、2001年、2003年、2005年分别出版了关于核心素养的相关研究报告。① 2005年的报告《核心素养的确定与选择:执行概要》明确提出了互动地使用工具、与异质群体互动、自主行动三大类核心素养,同时也承认核心素养在国家、文化、价值观上存在差异性。

联合国教科文组织也对教育问题和学生核心素养问题给予了一定的关注。联合国教科文组织中的"国际21世纪教育委员会"于1996年出版了一份影响深远的报告《教育——财富蕴藏其中》,首次提出了"教育的四大支柱",即学会认知(learning to know)、学会做事(learning to do)、学会共处(learning to be together)、学会成长(learning to be)。其于2012年发布《全民教育全球监测报告》提出了青年应该具备的三类主要技能:基本技能、可转移技能与技术、职业能力。在此基础上,与美国布鲁金斯学会联合,联合国教科文组织又于2013年发布了一份专门针对基础教育阶段学生核心素养的研究报告《迈向世界性学习——每个孩子应该学什么》。报告指出,为确保基础教育阶段的学习质量,必须重视身体健康、社交与情绪、文化与艺术、文字与沟通、学习方法与认知、数字与数学、科学与技术等七大领域。这为基础教育阶段学生的核心素养培养提供了一套详细的参考指标。

(二)近期中国对教育质量和学生核心素养的重视

我国自党的十八大把立德树人作为教育根本任务之后,教育部门的重大举措之一就是组建专家团队,集中研究中国学生发展的核心素养;举措之二是组建普通高中课程标准修订专家组,集中研究学科核心素养。②

1. 新课程改革的推行

从1999年起,我国陆续下发了《关于深化教育改革全面推进素质教育的决定》《关于基础教育改革与发展的决定》《基础教育课程改革纲要(试行)》等重要文件,并于2001年正式启动新一轮的课程改革试验,涉及教育教学理念、培养目标、课程标准、课程结构、课程管理、教学方式、课程内容以及教材等各个方面的变革,其目的是在知识与技能、过程与方法、情感态度与价值观三个维度,促进学生的全面发展。这次改革涉及整个基础教育,对我国基础教育的发展具有深远的历史意义。

经过十余年的高中课程改革实践,2003年印发的《普通高中课程方案(实验)》面对社会经济、科技文化发生的巨大变化以及对人才培养提出的更高要求出现了一些不适应的情况,同时,为进一步落实党的十八大明确提出的"把立德树人作为教育的根本任务"和党的十九大强调的"落实立德树人根本任务,发展素质教育"的要求,教育部对普通高中课程方案和课程标准进行了修订,并于2017年印发了《普通高中课程方案和语文等各学科课程标准(2017年版)》。这次修订提出了各学科的核心素养,目的在于把立德树人的根本任务落到实处。

2. 教师专业发展的提出与专业标准的制定

在2001年下发的《国务院关于基础教育改革与发展的决定》中,"教师教育"的提法第一次在政府文件中替代了此前长期使用的"师范教育"概念。《国务院关于基础教育改革与发

---

① 崔允漷. 素养:一个让人欢喜让人忧的概念[J]. 华东师范大学学报(教育科学版),2016(1):3-5.
② 崔允漷. 素养:一个让人欢喜让人忧的概念[J]. 华东师范大学学报(教育科学版),2016(1):3-5.

展的决定》指出,"完善以现有师范院校为主体、其他高等学校共同参与、培养培训相衔接的开放的教师教育体系"。这一新概念的使用反映了时代的要求和对未来教师教育发展的把握。《关于深化教育改革全面推进素质教育的决定》鼓励有条件的非师范院校举办师范教育以来,从事师范教育的非师范院校不断增加,从而改变了以前单一型师范院校的局面,改变了师范教育的结构。在这样的大背景下,"如何保证教师教育的质量,成为国际教师教育的共同主题。教师专业化就是在这样的背景下展开的"①。

为贯彻党的十七届六中全会精神,落实《国家中长期教育改革和发展规划纲要(2010—2020年)》,促进教师的专业发展,建设高素质的师资队伍,教育部于2012年2月印发了《幼儿园教师专业标准(试行)》《小学教师专业标准(试行)》《中学教师专业标准(试行)》,基本内容包括专业理念与师德、专业知识、专业能力3个维度,职业理解与认识等12个领域,以及60多个基本要求。《幼儿园教师专业标准(试行)》《小学教师专业标准(试行)》《中学教师专业标准(试行)》构建了教师专业标准的体系,是教师实施教育教学行为的基本规范,是引领教师专业发展的基本准则,是教师培养、准入、培训、考核等工作的重要依据。这些标准以学段为出发点,改变了以往以学科为模式的师范教育,"以学科为模式的师范教育专业虽然重视了学科知识和能力的培养,但忽视了教师培养的专业性,在教师培养中增强教学专业性已经成为国际教师教育的发展趋势"②。

3.《中国学生发展核心素养》的发布

2016年9月13日,《中国学生发展核心素养》研究成果在北京正式发布,以培养"全面发展的人"为核心,分为文化基础、自主发展、社会参与三个方面,综合表现为人文底蕴、科学精神、学会学习、健康生活、责任担当、实践创新六大素养,具体细化为国家认同的18个基本要点。

在我国,核心素养的提出是对"教育应该培养什么样的人"这一问题的重新思考,顺应了全球的教育趋势,标志着"我国基础教育正从'知识本位'时代走向'核心素养'时代"③,是对教育工具化、功利化倾向的一种矫正,是为了培养真正全面发展的人,和谐统一的人,具有主体性并且把握自己命运的人。

二、教师素养的重要性

近年来,随着我国新一轮课程改革的深入,作为课程改革的关键性因素——教师素养的提升越来越受到重视。教师素养的高低不仅影响着人才培养的质量,更关乎国家的前途和命运,因此,打造一支高素养教师队伍已成为时代和社会的共同呼声。

高素养的教师培养不仅有利于教师本身的发展,特别是其专业发展,也有利于学生的成长,有利于我国社会主义的建设与发展。2014年9月9日,习近平总书记在我国第三十个教师节来临之际,与北京师范大学师生代表进行了座谈并发表了题为《做党和人民满意的好

---

① 袁振国. 从"师范教育"向"教师教育"的转变[J]. 中国高等教育,2004(5):29-31.
② 朱旭东. 教师教育标准体系的建立:未来教师教育的方向[J]. 教育研究,2010(6):30-36.
③ 石鸥. 核心素养的课程与教学价值[J]. 华东师范大学学报,2016(1):9-11.

老师》的重要讲话。在讲话中,习近平总书记殷切希望广大教师都做好老师,并从"理想信念""道德情操""扎实学识""仁爱之心"四个方面将好教师的标准进行了高度概括。

教师素养的培养是教师专业化发展的内源性动力。"教师素养是教师胜任教育教学活动所具备的基础条件之一。教师核心素养是所有教师应具备的、能够适应终身发展和教育教学需要的必备品格和关键能力,是教师职业生涯中用来指导教育教学实践和培养学生核心素养的最关键素养。"①为具备这些基础条件、必备品格和关键能力,教师必须加强专业内功修为,拥有从事教育教学工作的综合能力。

教师是"传道"的使者,是学生发展核心素养落地生根和开花结果的培育者与实践者。师者,传道授业解惑也。一个素质高的教师是不会只给学生授业、解惑,而不传道的。所谓"传道",就是要让学生树立坚定的理想信念,培养家国情怀,让他们明白自己肩负的国家使命和社会责任,加深对中国特色社会主义国家的思想认同、理论认同和情感认同,浸润于社会主义核心价值观之中,不断增强价值判断能力、价值选择能力和价值塑造能力。

三、教师素养的内涵及研究范式的变更

自从"教师素养"这一概念提出以来,人们就一直在探讨其内涵,并从不同的视角或理论取向做出了界定。英国著名的专业知识与素养研究专家埃劳特(M. Eraut)总结了素养概念形成的三种主要学术传统:①行为主义心理学的传统;②素养的发生学取向;③基于素养和表现的认知建构。②崔允漷指出,"关于'素养'的一些学理问题其实还远没有澄清"③。他的这一说法也同样适用于教师素养。

(一)教师素养与教师专业素养的混淆

学界对于教师素养与教师专业素养有混淆的现象。刘坤认为,教师素养,又称为教师专业素养,是对教师作为专门职业的从业人员的要求,是"教师拥有的有关教学的知识、能力和信念的集合"。教师素养是以一种结构形态存在的,是从教师必须要承担一定的任务或担当一定的角色出发的,是教师作为专业人员在教学工作中应该具备的专业要求,是顺利进行教学活动的前提,是教师专业发展的重要组成部分。④曾文茜和罗生全认为,我国的教育研究者也越来越倾向于用"教师素养"这个概念来概括教师在教学实践中获得的专业结构。⑤

杨小微认为,教师素养包括基础性素养、共通性专业素养、核心学科教学素养和教育实践素养四个层面。⑥郭少英和朱成科将这样界定的教师素养与教师专业素养的关系称为一种"嵌套式的结构",即一种包含关系。⑦叶澜认为,教师素养包含教师基础性素养、教育专

---

① 马玲. 信息时代未来教师核心素养的变与不变[J]. 中国成人教育,2018(5):149-151.
② 崔允漷. 素养:一个让人欢喜让人忧的概念[J]. 华东师范大学学报(教育科学版),2016(1):3-5.
③ 崔允漷. 素养:一个让人欢喜让人忧的概念[J]. 华东师范大学学报(教育科学版),2016(1):3-5.
④ 刘坤. 高校教师素养研究[J]. 长春师范大学学报,2019(1):142-145.
⑤ 曾文茜,罗生全. 国外中小学教师核心素养的价值分析[J]. 外国中小学教育,2017(7):9-16.
⑥ 杨小微. 教育学基础[M]. 上海:华东师范大学出版社,2010:297.
⑦ 郭少英,朱成科. "教师素养"与"教师专业素养"诸概念辨[J]. 河北师范大学学报(教育科学版),2013(10):67-71.

第三章 英语教师论

业素养和复合型专业素养三大类。郭少英和朱成科将其理解为是一种"分裂式的结构",即一种线性关系。① 在此基础上,郭少英和朱成科提出了"螺旋上升的结构",即"教师素养总是牵系着教师专业素养的发展,并且总是以教师的基础性素养为中心,它不是一帆风顺呈直线上升的趋势发展的,而是经过不断探索,在过程中回旋地前进。②"

教师专业素养为教师素养的下位概念,是教师素养的重要组成部分。叶澜认为,教师的基本素养包括基础性素养(由价值—动力系统、文化素养系统、实践创新的思维能力的三维结构构成)和专业素养(由学科专业素养和教育专业素养构成)③,教师专业素养和教师素养的提升是一种相辅相成、共同发展的和谐关系。

(二)教师素养与教师核心素养

"核心素养"是当下一个非常时髦的概念,这个概念来自西方,其英文表达为"Key Competencies"。国际社会在强调学生核心素养的同时,进一步强化了教师核心素养的研究,在研究中也存在将"教师素养"与"教师核心素养"混用的情况。张光陆比较了欧盟等国际组织,以及美国、新加坡等国家有关教师核心素养的内涵和框架,认为"欧盟教育政策中对教师核心素养的强调根植于知识社会和终身学习与全方位(生活中的)学习,经济结构的调整对技术需求的影响,文化的多元主义和生活方式的多样性",是一种"三位一体的模式"。美国对教师素养的界定是技能取向的,即教师的技能不仅是一种实践理性,而且是一种美德,本质上是一种实践智慧。而"新加坡的教师素养框架虽然包含价值、技能与知识三维度,但是强调以价值为核心,整合技能与知识,将教师应具备的价值置于教师素养框架的核心"。张光陆在教师核心素养的视角下讨论欧盟、美国和新加坡的教师教育,但美国和新加坡两国对教师的要求却没有冠以"教师核心素养"的名称。其中,美国教师教育学院协会与 Partnership for 21st Century Skills 组织(简称 P21),于 2010 年 9 月合作研制的教师专业发展的文件为《职前教师的 21 世纪知识与技能》;而新加坡 2009 年制定的《21 世纪教师教育模式》是教师接受新加坡国立教育学院职前培训的依据。④

因此,教师核心素养是教师素养的有机组成部分,不是面面俱到的教师素养的"大杂烩",而是教师全部素养中的关键部分,"是素质教育、三维目标、全面发展、综合素质等中间的'关键少数'素养,是各种素养中的'优先选项',是素质教育、三维目标、全面发展、综合素质等的'聚焦版'"⑤,是教师适应未来社会需求、实现终身发展所需的关键性和根本性的素养,而非全面性的素养。正如许锡良指出,《中国学生发展核心素养》中的核心概念其实更应该叫"综合素养"⑥,我国许多学者提出的"教师核心素养"其实是"21 世纪教师综合素养"。

---

① 郭少英,朱成科."教师素养"与"教师专业素养"诸概念辨[J].河北师范大学学报(教育科学版),2013(10):67-71.
② 郭少英,朱成科."教师素养"与"教师专业素养"诸概念辨[J].河北师范大学学报(教育科学版),2013(10):67-71.
③ 叶澜.教育学原理[M].北京:人民教育出版社,2007:292-296.
④ 张光陆.教师核心素养内涵与框架的比较研究[J].宁波大学学报(教育科学版),2018(5):101-106.
⑤ 褚宏启.核心素养的概念与本质[J].华东师范大学学报(教育科学版),2016(1):1-13.
⑥ 许锡良."核心素养"不核心[J].教师教育论坛,2016(10):90-91.

(三)教师素养的研究范式改变

在"教师素养"这一概念提出来之前,学界大多使用"教师素质"或"教师专业素质"这两个概念。用"教师素养"这一术语来涵盖其他,是因为这个提法较新,而教师专业素质所包含的内容与教师素质基本一致。但其外延却偏少,因此下文是以"教师素质"来概述研究范式的改变。"克拉茨(Kratz)于1896年最先对教师专业素质的基本结构展开了研究"[1],后续的研究者逐渐增加,很多学者都探讨了这一问题,下面介绍石亚兵、刘君玲和龙宝新对我国研究范式的总结。

石亚兵和刘君玲认为,国内外学者主要形成了理论与实证两种不同的研究取向[2]。在理论取向上,主要有"结构—系统说""公共—个人说"和"阶段—动态说"三种代表性的观点。"结构—系统说"认为教师素质是由一系列要素组成的一种有机的结构系统,其代表人物有叶澜、谢安邦等。"公共—个人说"认为教师素质"是由公共素质与个人素质复合而成,公共素质表现为公共的、普遍的与稳定的要素,比如专业知识、教育教学知识、基本技能等;个人素质则表现为观念的、个人的与内隐的要素,比如教育观念、思维方式与教学风格等。而"阶段—动态说"认为教师素质"是随着教师职业生命周期的不同而发生变化的"。实证研究取向上的代表有简茂发、王强,他们通过大规模的数据调查,在模型理论的指导下进行问卷与事件访谈,分别提出了教师素质的理想结构。

龙宝新认为,从认识角度来看,教师素质论大致有未来论、现实论与期待论三种[3];从学术思维来看,也可以区分为结构论、指标论与建构论三种。这两类六种教师素质论原型在当前学术论域中融合重组,进而形成了如下五种典型教师素质论:人格特质论、固化品性论、胜任力理论、职业质量论、元素分析论。龙宝新认为,在教师素质研究中,采取的基本理论形态有本质论、关系论与生成论三种[4];结合教师素质研究的有机论与要素论这两种基本学术思维,他按照纵横两个维度对上述教师素质论进行分析,得出了如表3-1所示的归类。

在此基础上,龙宝新论述了其"教师素质共生论",认为"素质不是固态、独存、铁板式的心性模块,而是教师作为普通人、素朴性的人格质性在与成长微环境互动中形成的一种共生性素质。在这一理论视野中,教师素质其实就是教师对其成长微环境的适应力、驾驭力与创构力。"[5]

---

[1] 刘健智,曾红凤. 国内外教师专业素质结构研究综述[J]. 贵州师范大学学报(社会科学版),2018(4):76-84.
[2] 石亚兵,刘君玲. 我国中小学教师专业素质结构发展的特征和演变逻辑——基于1980-2012年教师教育政策文本的分析[J]. 全球教育展望,2019(3):92-106.
[3] 龙宝新. 微环境视野中的教师素质共生论[J]. 天津师范大学学报(基础教育版),2018(2):7-13.
[4] 龙宝新. 微环境视野中的教师素质共生论[J]. 天津师范大学学报(基础教育版),2018(2):7-13.
[5] 龙宝新. 微环境视野中的教师素质共生论[J]. 天津师范大学学报(基础教育版),2018(2):7-13.

表 3-1 经典教师素质论的两维分析

学术思维 理论形态	本 质 论	关 系 论	生 成 论
有机体分析	职业质量论 人格物质论 固化品性论	胜任力理论	构成论
要素分析	元素分析论(指标论/结构论)		

四、教师素养的构成

教师素养的研究有不同的学术思维和理论形态,但大多学者都对其进行分析,提出了构成要素。教师素养的构成是教师发展的参照系,也是教师教育机构培养合格教师的目标与依据。因此,各国及国际组织都重视对教师素养构成要素的界定。

2005年欧盟发布了《欧洲教师能力和资质的共同标准》(Common European Principles for Teacher Competences and Qualifications),该标准对欧洲各国教师的共同原则等进行了详细阐述,规定教师应具备三大核心素养:与他人合作,充分运用知识、技术和信息,紧密联系社会。这是典型的"以共同标准为指导的素养发展模式"[①]。

2004年西澳大利亚教育与培训部(Department of Education and Training of Western Australia)发布了《教师素养框架》(Competency Framework for Teachers)。该框架是在《全国专业教学框架》(National Framework for Professional Teaching)的基础上制定的,在制定的过程中参考了全国英语、数学和科学教学协会的标准,同时考虑到了教师工作环境和条件的多样性。在结构上,该框架将教师工作的专业要素分为三个方面:专业特质(Professional Attributes)、专业知识(Professional Knowledge)和专业实践(Professional Practice)。在课堂教学实践中,这三个要素是相互关联的。该框架将有效教学的素养标准概括为三个阶段,具有动态性,阶段之间的过渡与教学工作长度无关。每一阶段的专业特质包括合作、忠诚、有效沟通、道德、创新、包容、积极、反思八个方面。专业知识包含以下六个方面:了解西澳大利亚课程框架的结构和功能及其对校本课程开发和教学的启示;掌握评价策略的目的、本质和运用,懂得如何将评价过程获得的信息运用于反思和教学调整;了解影响学生学习的各方面因素,如成长、经历、能力、兴趣、语言、家庭、文化与社区;掌握相关学习领域中重要的核心概念、内容和过程;熟悉影响学校组织和教师工作的政策和法规框架;知晓支撑教育项目和服务的有关政府、体制、地区和学校政策。而专业实践则从促进学生学习、评估和报告学生学习成果、参与专业学习、在以结果为中心的环境中参与课程政策和其他项目的创新、与学校共同体形成合作关系这五个维度描述了教师在职业生涯中所承担的职业责任和行为。每一个维度都从三个阶段具体规定了不同的要求,如在促进学生学习维

---

① 曾文茜,罗生全. 国外中小学教师核心素养的价值分析[J].《外国中小学教育》,2017(7):9-16.

度,教师在第一阶段的责任为使学生进入目的明确和恰当的学习状态;通过持续不断地运用范围广泛的教学策略,满足不同学生的学习风格和学习需求,是教师第二阶段的责任;在第三阶段,教师应该以高度敏感、兼收并蓄的方式运用示范性的教学策略和技巧满足学生个体、群体和班级的需求。曾文茜和罗生全将其视为"以教师关键技能为重点进行训练的素养模式"的典型[①]。

新加坡国立教育研究院(National Institute of Education,NIE,Singapore)在2008年启动了"项目评议和提升"倡议(Program Review and Enhancement,PRE Initiative),探索了教师提升的可能和可行的路径,其研究成果为2009年发布的《21世纪教师教育模式》(A Teacher Education Model for the 21st Century)报告。该报告提出了六项关键建议,旨在提升教师素质,培养更雄厚的师资力量。该模式包括三种新的价值观念(New Values)、技能(Skills)和知识(Knowledge)三个方面,即V3SK模式。价值观念涵盖了学习者中心、教师身份认同以及服务专业和团体;技能又细分为反思技能、批判思维倾向、教学技能、人员管理技能、自我管理技能、行政管理技能、交流技能、创新和创业技能、社会智力和情商;知识包括自我、学生、社区、学科内容、教育学、教育基础和教育政策、课程、多元文化素养、全球意识、环境意识等方面。这一模式贯穿了从最初的教师准备(ITP)到教师专业发展(TPD)的整个过程,聚焦于基于价值的教师教育哲学、教师出路、课程改善以及学术生涯的提速等关键领域,是新加坡教师教育在新的教育价值观的引领下将21世纪学习者纳入教师教育目的中心的改进版。

美国甚至对"融合教育"或"全纳教育"(Inclusive education)的教师素养提出了基本的要求。依据周丹和王雁的研究,美国融合教育教师素养的构成包括专业价值、专业知识和专业能力三个基本维度。其中专业价值维度主要包括崇尚融合教育基本理念、坚持教育机会均等原则、推崇个人道德与价值观、端正对学习者多元化的态度、重视学生个性与天性的自然发展、以终身学习为个人责任六个方面,呈现出"强化专业价值的理论引领作用"的特点。在专业知识维度,融合教育教师需要掌握六个方面的专业知识:"国家及各州的法律政策知识、融合教育发展历程、残疾学生特性知识、心理学与生理学知识、融合教育课程与教学知识、教育实践指导知识",突出"融合"本质,重视实践知识。[②] 在专业能力维度,美国对融合教育教师的要求较高,包括合作教学能力、差异教学能力、制定和实施IEP(The Inclusive Education Project)的能力、多元评估能力等九项要求,体现了"彰显专业能力的重要核心地位"的特征。

此外,国外一些学者从教师素养的某一方面,如教师知识、信念或能力等进行了专题研究。舒尔曼(Shulman)和鲍尔(Ball)对教师知识进行了研究,分别提出PCK和MKT的教师知识结构模型;舒默(Schommer)和霍夫(Hofer)对教师信念进行了研究,分别提出嵌入式信念系统和四维度信念模型;[③]杰西卡(Jessica)和沃格特(Vogt)等人对教师能力进行了研

---

① 曾文茜,罗生全.国外中小学教师核心素养的价值分析[J].外国中小学教,2017(7):9-16.
② 周丹,王雁.美国融合教育教师素养构成及启示[J].比较教育研究,2017(3):89-95,100.
③ 喻平.教师的认识信念系统及其对教学的影响[J].教师教育研究,2007(4):18-22.

究,分别提出教师能力的"三角网"式要素构成图和四维度教学能力刻画模型。①

我国学者对教师素养的构成也有颇多研究,除了前文提及的成果外,笔者在此简要介绍叶澜教授和黄友初教授的研究成果。

1998年,叶澜教授撰文论述了21世纪中小学教师的专业素养。她认为,未来教师专业素养主要包括三个方面:教育理念、专业知识结构和能力要求。其中教育理念"主要是在认识基础教育的未来性、生命性和社会性的基础上,形成新的教育观、学生观和教育活动观"。未来教师专业知识结构涵盖了三个层面:"最基础层面是有关当代科学和人文两方面的基本知识,以及工具性学科的扎实基础和熟练运用的技能、技巧";第二个层面是基础性知识,即具备一至两门学科的专门性知识与技能,叶澜教授对此也提出了具体的要求,如"教师需要了解该学科发展历史和趋势,了解推动其发展的因素,了解该学科对于社会、人类发展的价值以及在人类生活实践中的多种表现形态";第三个层面主要是帮助教师认识教育对象、教育教学活动和开展教育研究的教育学科类专门知识。在能力要求方面,叶澜教授认为理解他人和与他人交往的能力、管理能力、教育研究能力尤其重要。②

黄友初教授2019年通过网络途径对364位职前和在职教师进行了为期一周的调查,对收集到的1788条原始信息采用扎根理论进行了自下而上的分析,得出了教师专业素养主要的4个一级范畴,即教师品格、教师能力、教师知识和教师信念。4个一级范畴又进一步分为教育情怀等12个二级范畴。其中,教师品格细分为教育情怀、道德修养和人格品质3个二级范畴;教师能力涵盖了课堂教学能力、教学反思能力、沟通合作能力和教育研究能力4个二级范畴;教师知识包括学科知识、教育知识和通识知识3个二级范畴;教师信念包括教育教学信念和学科知识信念2个二级范畴。

在教师专业素养的构成上,两位教授的观点有众多的相同点,但也存在一些差异。比如,在术语使用上,黄友初教授的"教师信念"虽然有别于叶澜教授的"教育理念",但两者在功能上相当,都影响着教师的知识观、教学观和学生观。

五、英语教师素养的构成

外语(英语)是各国基础教育和高等教育阶段的一门重要课程,探讨外语(英语)教师素养对促进外语(英语)教师教育及其发展,提高基础教育和高等教育阶段外语(英语)教育质量具有重要意义,因此,各国对外语(英语)教师的素养也有各自的界定。

美国重视外语教师在外语教育中的作用,因此,从20世纪50—60年代开始,就致力于构建外语教师质量标准体系。比如,外语计划委员会在弗里曼(Freeman)的主持下于1955年制定了《美国中学现代外语教师资格》,美国外语教师协会于1966年出版了《现代外国语教师教育计划指南说明》,此为外语教师培养标准雏形,之后不断推出新的外语教师培养标

---

① 黄友初. 教师专业素养内涵结构和群体认同差异的调查研究[J]. 湖南师范大学教育科学学报,2019(1):95-101.

② 刘德华. 中国基础教育改革的时代之音——叶澜关于基础教育改革的思想[J]. 教育科学研究,2003(11):20-21.

准,其发展历程可参阅贾爱武(2006)、周均(2009)、陈莉(2013)等。美国外语教学委员会(American Council on the Teaching of Foreign Languages,ACTFL)和美国教师培养认证委员会(Council for the Accreditation of Educator Preparation,CAEP)于2002年共同制定了《外语教师职前培养标准》(*ACTFL/CAEP Program Standards for the Preparation of Foreign Language Teachers*),其后不断修订。下面依据2016年开始施行的《外语教师职前培养标准》①介绍美国的外语教师素养要求。

《外语教师职前培养标准》中的标准共包括六项:①语言流畅度,人际、阐释和陈述;②文化、语言学、文学和其他学科的理念;③语言习得理论和有关学生及其需要的知识;④在规划、课堂实践和使用教学资源方面对标准的整合;⑤各种语言和文化评估及其学术学习的影响;⑥职业发展,倡导和伦理。每一标准中又涵盖了标准的内容、关键要素、支撑性解释以及每项内容的规程。此外,每一标准后还附上了实例列表以显示候选教师应达到的行为标准,而这些行为标准是该项目关键的评价指标。以标准②为例,其涵盖的内容为:对构成外国语言研究领域的多重内容,候选教师能展示自己的理解,目标文化视角、产品和实践的相关性;明确目标语言系统的语言要素,以及认识语言演变的属性;仅通过目标语言辨识能进入学科范围内的文学作品、影视、艺术品和文献的独特观点。关键要素为:①对目标文化的理解,通过视角、产品和实践进行文化比较;②对语言学和语言演变属性的理解,以及进行语言系统间的比较;③对文学和文化主体以及多学科话题的理解。在支撑性解释中,对文化、语言学、文学文本以及其他学科文本进行了详细的说明。在每项内容的规程中,从目标、可接受与不可接受三个维度考察了标准内容中的文化知识、文化经历、语言系统、句子组合规则,以及话语、社会语言学、语用知识、语言演变属性、文学、文化文本知识、跨学科内容七个方面。

我国对外语(英语)教师素养(素质)的关注也较早,1941年在《大学英语》(*College English*)上就有一篇题为"Quality versus Quantity Production of English Teachers"的文章。同时,我国也在不同的层次,如基础教育阶段和高等教育阶段对外语(英语)教师素养(素质)进行了研究。

陆谷孙在演讲中提出了大学英语教师应具备的26个方面的素养,这些素养以英文词(组)进行了概括,并按首字母的顺序排列。它们是:Accuracy(语言准确)、Book Knowledge(知识丰富)、Congeniality(亲密无间)、Devotion(事业心强)、Exemplary Conduct(行为模范)、Fluency(语言流利)、General Cultivation(综合素质)、Humor(幽默感)、Impartiality(不偏不倚)、Judgement(判断力)、Kind-heartedness(同情心)、Liberal-mindedness(思想开明)、Masterful/Mistressful Touches(操纵自如)、NO-nonsense Style(不失师尊)、One's Own Critic(自我批评)、Plethora of Methods(兼收并蓄)、Quick-wittedness(思维敏捷)、Romantic Realism(理想主义与现实主义)、Stamina(体魄强健)、Three Abilities(三种技能)、Unlearned Mother-tongue Habits(摒弃母语习惯)、Veracity(诚信为本)、Wide-awakeness(知识更新)、X-ray Eye for Error Detection(纠错能力)、Yearning for Perfection(精益求精)、Zestfulness(满腔热情)②。

---

① https://www.actfl.org/sites/default/files/caep/ACTFLCAEPStandards2013_v2015.pdf.
② 陆谷孙.英语教师的各种素养[J].外语界,2003(2):2-6,23.

陆谷孙先生的素养类型既强调了英语教师基础性知识的重要,也注重教师专业素养的发展过程,是英语教师素养认知结构的动静结合,但概括性不太强。相对而言,孙有中、张虹和张莲的"外语类专业教师能力框架"①的概括性更强。2018年1月30日教育部颁布了《高等学校外语类专业本科教学质量国家标准》,基于对该文件的深入解读和对有关教师能力的国内外文献的梳理,孙有中等将高等学校外语类专业教师能力总结为职业道德、教学能力、研究能力和学科知识四个方面。职业道德方面,"倡导教师在职业生涯中'德高为范',做'有理想信念''有道德情操''有仁爱之心''有扎实学识'的教师。"②教学能力又可细分为四种能力:外语教学能力,教师自身的语言能力,课程设计、实施与评价的能力,以及外语教育技术运用的能力等。为面向未来,孙有中等又添加了语言与学科内容融合式教学能力、跨文化外语教学能力、思辨外语教学能力等。专业研究能力与教学研究能力构成了外语类专业教师的研究能力。"前者指对外语类专业某一学科领域的专门研究,如语料库语言学研究、莎士比亚研究、翻译能力研究、美国研究、跨文化交际研究等;后者指结合教学实践进行的研究。这里有必要特别提倡外语教学理论与实践、外语教材编写、工具书编纂、精品课程建设等直接服务于人才培养的实践性教学研究。"学科知识构成外语类专业教师的学科背景,主要涉及外国语言学、外国文学、翻译学、国别与区域研究、跨文化研究、国际商务研究等领域,③这是他们职业发展的研究方向。

在基础教育阶段的英语教师素养研究方面,中国教育科学研究院研究员龚亚夫成绩斐然。他在"全国中小学英语教师专业水平等级标准及认证、考核体系"(Standards for Teachers of English in Primary & Secondary Schools, STEPSS)课题项目中担任"标准研制组"组长。该项目是中国高等教育学会教师教育分会、中国教育学会外语教学专业委员会、人民教育出版社受教育部师范司委托进行的。龚亚夫研究员在目前我国中小学英语教师在教师培养、培训和评价等方面存在问题的基础上,构建了我国中小学英语教师的能力模型。该模型具体包括九种核心知识和能力:语言能力、语言知识、教学途径与方法、学习过程与学习者、课程与教学过程、测试与评价、教育技术、社会文化、思维认知。龚亚夫构想的这个标准是为中小学英语教师设定的一个入门级标准,同时也为新时期大学英语教师教育改革规划了一个蓝图,对英语教师教育在大纲制定、课程设置、教材选用、教学模式、教学资源、教学实践等方面的改革、创新具有引领性作用。

第五届中国外语教育高层论坛于2015年11月21日在北京召开,此次论坛由北京外国语大学中国外语教育研究中心、北京师范大学外国语言文学学院、首都师范大学外国语学院共同主办。在论坛的主旨发言中,龚亚夫将中小学外语教师核心专业素养归纳为三个方面:外语教学知识与素养,社会文化知识与素养,思维认知知识与素养。外语教学知识与素养包括:语言知识与语言技能,外语课程知识与教材分析能力,语言学习规律与教学设计能力,语言交流策略,资源获取能力,以及教学评价能力等。其中,外语课程知识包括对外语教育价

---

① 孙有中,张虹,张莲.《国标》视野下外语类专业教师能力框架[J].中国外语,2018(2):4-11.
② 吴婷.新时代"四有"好老师"一体两翼"格局构建探析[J].黑龙江教师发展学院学报,2022(3):15-17.
③ 于丽.学科群英语语料库建设的基本思路——以语言学、社会学、人类学和心理学为例[J].沈阳大学学报(社会科学版),2018(5):625-629.

值和目标的认识，对不同教学途径的理解，以及设计校本课程的能力。社会文化知识与素养包括：外语学习者心理学，行为规范与价值观念，社会知识与学科融合，多元文化与全球视野。思维认知知识与素养包括：正向思维品质，多层思维能力，以及学习策略与教育技术。① 龚亚夫是从核心专业素养的视角来讨论的，如果就中小学外语教师素养来讨论，其中必然少不了职业道德素养。

与国外的外语教师素养相比，我国外语（英语）教师素养的要素和标准尚存在以下不足。

（1）体系性不强。从前述的美国外语教学委员会和美国教师培养认证委员会2016年开始施行的《外语教师职前培养标准》可以看出，其标准共包括六大项，每一项标准中又从标准的内容、关键要素、支撑性解释、每项内容的规程，以及实例列表五个方面进行了详细的说明，这些实例列表为该项目评价的关键要素。对于关键要素的评价，又设立了相关的评价体系。我国的STEPSS项目除了构建前述龚亚夫研究员所论述的全国中小学英语教师专业水平等级标准及认证、考核体系外，还包括在此标准的基础上制定的三个方案：中小学英语教师教育（包括培养、培训）课程方案，中小学英语教师专业水平等级标准的评价和考核方案，以及中小学英语教师专业水平等级标准认证的实施方案。这个项目的体系性较强，但在高等教育阶段却罕见可操作的、具有权威性的、阶梯形的等级标准。

（2）阶段性不强。尽管STEPSS项目有一定的阶梯性，但它是对英语教师在小学、初中和高中三个不同的教育阶段提出的等级标准，而不是从英语教师的不同专业发展阶段入手制定的标准。在这一方面，美国的做法值得借鉴，美国外语教学委员会（ACTFL）、州际新教师评估与支持联盟（Interstate Teacher Assessment and Support Consortium，INTASC）和国家专业教学标准委员会（National Board for Professional Teaching Standards，NBPTS）于2002年共同制定了三大标准：《外语教师职前培养标准》（ACTFL/CAEP Program Standards for the Preparation of Foreign Language Teachers）、《外语教师的入职认证标准》（Model Standards for Licensing Beginning Foreign Language Teachers：A Resource for State Dialogue）及《优秀外语（非英语）教师标准》（World Languages Other Than English Standards for Teachers of Students Ages 3-18），这标志着从准外语教师的职前教育、新入职教师的在职教育到有经验教师的素质提升的外语教师专业发展体系框架初步形成。②

第二节　英语教育科研

很多外语教师拥有宝贵的教育经验和教学经验。教师应该参与到外语教学研究中来，不断总结自己和他人的经验，并将经验上升为理论，然后以文字的形式体现出来，供他人学习和借鉴。这不仅能体现教师的人生价值，而且有利于其更好地教书育人，从而促进外语教

---

① 韩宝成，曲鑫. 中小学外语教师核心专业素养与评价——第五届中国外语教育高层论坛综述[J]. 东北师大学报（哲学社会科学版），2016(4)：210-215.
② 仲伟合，王巍巍."国家标准"背景下我国英语类专业教师能力构成与发展体系建设[J]. 外语界，2016(6)：2-8.

师队伍整体素质的提高,促进教育事业的蓬勃发展。

一、教学研究的重要性

鼓励并培养教师从事教研工作的历史,最早可以追溯到公元前4世纪。当时亚里士多德认为,一般教师的研究工作是用不同的调查方法观察学生在课堂上的各种行为,从而了解学生的学习困难和个人需求。此外,美国教育家、哲学家杜威曾支持教师从事教育研究。杜威是美国进步教育(Progressive Education)的先驱。1896年,他和妻子创办了一所实验学校,以启蒙性教育取代传授性教育,并建议学生在课堂上进行实验性学习。1929年,杜威提出教师应该参与教育科学发展中的教学研究,并强调每个教师都应该经常分析自己,相互学习以改进教学。尽管杜威和他同时代的教育家积极鼓励教师从事教育研究活动,但这种强调实践性的教育理念和课程尚未得到实施。主要原因是当时的一般教师缺乏教育科研知识,不善于发现、分析和解决问题。如今,教师从事研究活动再度得到重视。新的教育心理学要求教师在教授每个新概念前,必须先了解学生原有的知识和新的知识间的差距,然后,依靠不同的教学活动来缩短这种差距,帮助学生进一步地学习和运用新知识。此外,现代教师的综合素质也提高了,大部分教师只需稍经指导和示范,就能够从事教学研究。

信息时代的科技发展日新月异,国际间的竞争也日趋激烈,学校已不再是唯一的求学机构。传统的课程标准、教材教法和以应付考试为主的学习方法给许多学生带来了无形的阅读和学习障碍,因此培育下一代和更新教师自身的专业知识,也面临新的挑战。

由于外语教学受到社会的普遍重视,这几年,师资力量加强,教学设备也有较大的改进。一些中小学英语教师在教学之余,努力学习和探索各种教学法,这在一定程度上促进了英语教学。尽管如此,英语教学的总体水平仍有很大的发展空间。究其原因,有以下几点:高考这个"指挥棒"带给学生和老师无穷的压力,追求高升学率让教师专注于课堂教学,没有足够的时间和精力去进行教学研究;一些教师没有真正认识到教学研究的重要性,认为只要在课前熟悉了教学内容就行;有些学校的领导也没有把教学研究放在很重要的位置,很少举办各种教研活动,没有把教师教学研究的积极性调动起来。

作为一名英语教师,要提高自身素质,要改进教学方法,要有效提高教学质量,必须参加教学研究。人们越来越深刻地意识到,教学研究是促进学校教学改革和发展的第一生产力。教学研究在学校教育教学中的作用是很清晰和具体的,是促进学校教学改革和发展的必经之路。它主要表现在以下几个方面:教学研究有连接宏观思想调控和学科教学前沿的"纽带"作用;教学研究有参与管理学科教学的"指挥棒"作用;教学研究有研究学科发展趋势,并引导教师更新教学理念的"导向"作用;教学研究与教学工作实际紧密联系,能有效地提高教学质量。参与教学研究能提高教师素质,是使他们由"经验型"教师向"科研型"教师转变的必由之路。

二、英语教学研究方法[①]

(一)调查研究法

调查研究法是有目的、有计划、系统地搜集研究对象的现实状况或历史状况相关材料的方法。调查研究法是科学研究中常用的基本方法,它综合运用历史法、观察法等方法,运用谈话、问卷、个案研究、测验等科学方式,对教育教学现象进行有计划的、周密的和系统的研究,并对调查搜集到的大量资料进行分析、综合、比较、归纳,从而为人们提供规律性的知识。

(二)观察研究法

观察研究法是指研究者根据预定的研究目的、研究提纲或观察表,用自己的感官和辅助工具去直接观察被研究对象,从而获得资料的一种方法。科学的观察具有目的性、计划性、系统性和可重复性。在科学实验和调查研究中,观察法能够扩大人们的感性认识,启发人们的思维,导致新的发现。

(三)实验研究法

实验研究法是通过主动变革、控制研究对象来发现和确认事物间的因果联系的一种科研方法。其主要特点有:主动变革性、控制性、因果性。观察与调查都是在不干预研究对象的前提下去认识研究对象,发现其中的问题。而实验却要求主动操纵实验条件,人为地改变对象的存在方式、变化过程,使之服从于科学认识的需要。科学实验要求根据研究的需要,借助各种方法技术,减少或消除各种可能影响科学结论的无关因素的干扰,在简化、纯化的状态下认识研究对象。实验是发现和确认事物之间因果联系的有效工具和必要途径。

(四)文献检索法

文献检索法是研究者为了达到某种特定目的而对某个领域的文献及其内容进行寻找和考查的方法。通过文献检索,研究者可以迅速发现问题,并迅速进入研究前沿,节省研究资金和研究精力,是社会科学研究的基础。

(五)定性分析法

定性分析法是对研究对象进行"质"的方面的分析,即运用归纳和演绎、分析与综合以及抽象与概括等方法,对获得的各种材料进行思维加工,从而去粗取精、去伪存真、由此及彼、由表及里,认识事物本质,揭示内在规律。

(六)跨学科研究法

跨学科研究法是运用多学科的理论、方法和成果,从整体上对某课题进行综合研究的方

[①] 罗忠民,何高大. 外语新课程教学论[M]. 南京:南京大学出版社,2011:181-183.

法。科学发展运动的规律表明,科学在高度分化中又高度综合,形成一个统一的整体。据有关专家统计,现在世界上有2000多种学科,而学科分化的趋势还在加剧,但同时各学科间的联系愈来愈紧密,在语言、方法和某些概念方面,有日益统一化的趋势。

(七)个案研究法

个案研究法是调查分析研究对象中的某一特定对象,弄清其特点及其形成过程的一种研究方法。个案研究有三种基本类型:第一类是个人调查,即对组织中的某一个人进行调查研究;第二类是团体调查,即对某个组织或团体进行调查研究;第三类是问题调查,即对某个现象或问题进行调查研究。

(八)数量研究法

数量研究法也称"统计分析法"或"定量分析法",指通过对研究对象的规模、速度、范围、程度等数量关系的分析研究,认识和揭示事物间的相互关系、变化规律和发展趋势,借以达到对事物的正确解释和预测的目的。

(九)信息研究法

信息研究法是利用信息来研究系统功能的一种科学研究方法。当前,我们正处在信息革命的新时代,有大量的信息资源可以开发利用。信息研究法是指根据信息论、系统论、控制论的原理,通过对信息的收集、传递、加工和整理获得知识,并应用于实践,以实现新的目标。信息研究法是一种新的科研方法,它以信息来研究系统功能,揭示事物更深层次的规律。

(十)经验总结法

经验总结法是归纳与分析实践活动中的具体情况,使之系统化、理论化,最终上升为经验的一种方法。总结推广先进经验是人类历史上长期运用的行之有效的引领社会进步和发展的重要方法之一。

(十一)描述研究法

描述研究法是一种简单的研究方法,它将已有的现象、规律和理论通过自己的理解和验证,叙述并解释出来,是科学研究中必不可少的一种方法。它能定向地提出问题,揭示弊端,描述现象,介绍经验,有利于进行科学普及工作。

(十二)数学研究法

数学研究法就是在撇开研究对象的其他一切特性的情况下,用数学工具对研究对象进行一系列量的处理,从而做出正确的说明和判断,得到以数字形式表述的成果。科学研究的对象是质和量的统一体,它们的质和量是紧密联系的,质变和量变是互相制约的。要获得真正的科学认识,不仅要研究质的规定性,还必须重视对它们的量进行考察和分析,以便更准确地认识研究对象的本质特性。数学研究法主要有统计处理和模糊数学分析方法等。

三、英语教研论文写作

(一)英语教研论文的基本形式

教研论文是专门研究探讨学科教学规律的学术论文。英语教研论文主要研讨英语学科教学的内容、方法及对象。通常包括以下四个类型:第一类是知识性小论文,作者学习、研究本学科的心得,常见于以学生为主要读者对象的报刊,对学生的学习有一定的导向和促进作用;第二类是经验总结,指的是将英语教学实践中丰富的经验加以抽象和概括,然后上升为理性认识的小论文;第三类是研究性论文,对英语教学中大家普遍关心的热点进行研究和分析,并提出建设性的意见;第四类是实验报告或调查报告,前者一般包括确定研究课题、提出假设和预测、验证、追踪、揭示实验结果等,后者撰写的是教和学的调查情况报告,二者一般都含有数据等统计资料。

(二)论文格式要求

第一,标题。标题需简明确切地反映文章的内容,中文标题一般不超过20字,超过20字的可用副标题的形式,英文题名一般不宜超过25个单词。标题中一般不用缩略语,但是本专业或相邻专业人员通用的缩略语除外。

第二,摘要。一般200字左右,包括目的、方法、结果、结论四个要素。英文标题、作者、工作单位和关键词应与中文一致。摘要的具体要求如下:①不应简单重复标题中已有的信息;②结构严谨,表达简明,语义确切;③摘要中应排除本学科领域已成为常识的内容,切忌把应在引言中出现的内容写进摘要,一般也不要对论文内容做诠释和自我评价;④在使用第三人称时,建议采用"对……进行了研究""报告了……现状""进行了……调查"等叙述方法来标明该文献的性质和主题,尽量避免使用"本文""作者"等作为主语;⑤要使用规范化的名词术语,不用非通用的符号和术语,对于新术语或尚无合适汉语术语翻译的,可用原文或译出后加括号注明原文;⑥对于缩略语、略称、代号,除了相近专业的读者也能清楚理解的以外,在首次出现时必须加以说明;⑦撰写论文正文时应注意的其他事项,如采用法定计量单位、正确使用语言文字和标点符号等,也同样适用于摘要的编写;⑧英文摘要(Abstract)内容可比中文摘要详细,但不一定是中文摘要的转译,尽量使用短句和主动语态,简化措辞。

第三,关键词。一般3—5个,应从文题、摘要、正文中选取与论文研究或讨论的中心问题有关的和必要的词。

第四,引言。鼓励作者对论文的理论根据、研究思路、实验基础和国内外现状、论文的研究目的等情况以引言的方式予以概括,但不宜过多引用参考文献。

第五,正文。正文应层次清楚,方便阅读,行文符合规范。

第六,参考文献格式。

(1)专著、论文集、学位论文。

[序号]作者. 文献题名[M]. 出版地:出版者,出版年,起止页码.

[1]邓炎昌,刘润清. 语言与文化[M]. 北京:外语教学与研究出版社,1994.

(2)期刊文章。

[序号]作者.文献题名[J].刊名,年,卷(期):起止页码.

[2]翁显良.古诗选译[J].现代外语,1979,(4):70-73.

(3)论文集中的析出文献。

[序号]析出文献作者.析出文献题名[A]//原文献作者(任选).原文献题名[C].出版地:出版者,出版年.析出文献起止页码.

[3] Newmark P. The Theory and the Craft of Translation [A]//Newmark P. Approaches to Translation [C]. New York:Pergamon Press,1981:468-471.

(4)报纸文章。

[序号]作者.文献题名[N].报纸名,出版日期(版次).

[4]谢希德.创造学习的新思路[N].人民日报,1998-12-25(10).

(5)电子文献。

[序号]作者.电子文献题名[EB/OL].电子文献的出处或可获得地址.

[5]王明亮.关于中国学术期刊标准化数据库系统工程[EB/OL].http://www.cajcd.edu.cn/pub/wml.txt/980810-2.html.1998-08-16/1998-10-04.文献类型和标识代码如表3-2所示。

表3-2 文献类型和标识代码

标识代码	文献类型
A	档案
J	期刊
C	会议录
M	普通图书
N	报纸
D	学位论文
S	标准
P	专利
EB/OL	电子文档

第七,其他。有些刊物为了保证稿件评审的客观公正,提高刊物的质量,而实行双向匿名审稿制度。这种刊物会将作者的姓名、所在单位通信地址、邮政编码、联系电话、传真、E-MAIL等个人信息全部放在独立于正文内容的首页或者尾页,在稿件中应注意避免影响匿名审稿的内容的出现。

对于基金项目类文章,应注明基金项目名称和项目编号,还可以对论文做必要的说明,如论文的来源(博士论文、工作论文等)、致谢辞等。

(三)英语教研论文的写作步骤

1. 确定选题

标题是论文的"眼睛",应该让读者一看到标题就能洞察出文章的内容范围。因此,确定选题非常重要,确定选题应该注意以下几个方面。

(1)选题要新颖。创新是教研论文的生命线,我们应尽量写别人未研究总结过的内容,要有创造性、新颖性。要把握时代的脉搏,关注学科教学改革的动态。应以科学性为前提,言他人所未言,但不能一味地标新立异。新颖性还指选题的写作角度新、立意新,对于别人写过的选题,如兴趣教学、课文教学等,我们可以从新的角度去写,另辟蹊径,写出自己的新经验和新观点,写出自己的真知灼见,只要能予人新的启示,同样能取胜。比较新颖的选题名称如《书山有路趣为径,学海无涯乐作舟》《中小学"双人双语"教学模式探究》。

(2)从小处着眼。大选题的论文并非不能写,但选题过大,往往要说的东西太多,短短四五千字的论文无法包容全部内涵,最后的结果往往是什么也讲不深,道不透。因此,选题时,应该从小处着眼,使选题变得具体、实在,有利于作者更集中、深入地搜集材料,出示论据,从而给读者更多有益的东西。如《略论中学外语课堂教学的结构》。

2. 构思谋篇

论文写作是一种复杂的脑力劳动,需要充分的准备与精心的构思。在构思谋篇阶段应做到以下几点。首先,要博采众长,用理论武装自己的论文。有目的地阅读教育学、心理学学科教学法以及一些与选题有关的书籍,以便将实践经验上升到理论的高度,用理论来武装自己的作品,增强论据的权威性和说服力。其次,多搜集资料,整理卡片。在平时教学和课外阅读中,我们要做有心人,善于观察,将英语教学实践中有益的感受记录下来。利用报刊图书,广阅博览,摘录有关资料、信息,制作成卡片,并分类归档整理,以备参考选用,做到厚积薄发。最后,草拟框架,定好提纲。在撰写外语教研论文时,事先拟定好提纲。论文须有严密的逻辑性,应该把支撑论点的零散材料组织得有条有理,否则文章写起来就可能松散、缺乏条理。提纲通常包括论题、论点、目录等。拟定好提纲后,可对资料卡片进行分析,抽出所需要的材料,为正式写作铺平道路。

3. 执笔行文

写英语教研论文不是将搜集到的材料进行简单的堆积,而是要注意融会贯通,把这些原材料有机地结合起来,变为自己的东西,用自己的语言阐明自己的观点。

(1)初稿。写初稿时,先拟定好提纲,然后根据提纲把自己的想法、体会、感受全部写出来,每段表达一个完整的意思,写好主题句。这样,作者可避剽窃、抄袭之嫌,将自己的观点和笔记中的重要内容包罗进去;还可以避免孤立堆砌材料,使文章意思连贯。撰写初稿要观点明确,结构严谨层次分明,必要时用量化的图表和数据来增强论据的说服力。

(2)二稿。写好初稿后,我们即可借助资料卡片重塑初稿,将撰写初稿时可能遗漏的某些材料安插到文章中。需要直接引用时,引文要核对无误,还要加注,说明出处,以示对他人劳动成果的尊重。写二稿时,要检查细节安排是否妥帖,语言是否准确,举例是否得当。

(3)定稿。写外语教研论文最好能"一气呵成",以免打断思路,但修改时宜对其做"冷处理"。二稿完成后,可暂时放一段时间,因为随着时间的流逝,作者可能会有新的观点、新的发现。为了确保文章的科学性、客观性、创新性及应用性,应努力做到内容充实、材料丰富、见解新颖、论证精辟、概括恰当、用语贴切、行文流畅、逻辑严密和结构完整。还可以请行家审阅,吸取他人见解,进而加工润色,以使论文趋于完善。

4. 撰写英语教研论文的注意事项

英语教研论文的撰写并不容易,在平时的教育教学实践中,要注意积累,在构思及写作的过程中,还要注意以下几个方面。

撰写英语教研论文需有务实的精神。作者要沉得住气、耐得住寂寞,做到严谨、细致、认真,切忌浮躁、冲动、急功近利。要实事求是,深入实际,将教学研究植根于日常教学中。

撰写英语教研论文时需注意理论与实践相结合。有些英语教师工作十分勤恳,但平时缺乏积累、疏于动笔,对论文写作望而生畏,不能用先进的教育、教学理论武装自己的作品,不注意吸纳他人的成果,论文中呈现的只是单纯的经验总结;或者只谈理论,不能用宝贵的实践经验来证明自己的论点,使作品缺乏说服力。总之,理论与实践相结合是外语教研论文写作应遵循的一项基本原则。

撰写英语教研论文需持之以恒。华罗庚说:"勤能补拙是良训,一分辛苦一分才。"只要我们外语教师坚持不懈,勇于实践,大胆创新,勤于钻研,善于总结,就必然会有收获。

第三节 英语教师专业化

自古以来,教师便是一种备受尊重的职业。在中国古老的传统里,家家户户敬祖牌匾上都会醒目地写着如下大字"天地国亲师位","师"被列在"天""地""国""亲"之后,可见其地位之高。唐代文学家韩愈在《师说》中阐述,"古之学者必有师。师者,所以传道受业解惑也"[1],在他看来,古代求学的人必定有老师,老师是传授道、教授学业、解释疑难问题的人。德国著名哲学家雅斯贝尔斯在《什么是教育》一书中认为,"教育的本质意味着:一棵树摇动另一棵树,一朵云推动另一朵云,一个灵魂唤醒另一个灵魂"[2],这一朴素的表达蕴含了对教师这个职业的至高要求,一言以蔽之,"教师是人类灵魂的工程师"。上述两种阐释赋予了"教师"这个职业丰富的内涵。

教师作为一种专业化职业,肩负崇高使命。《中华人民共和国教师法》第一章第三条明确规定,"教师是履行教育教学职责的专业人员,承担教书育人,培养社会主义事业建设者和接班人、提高民族素质的使命。教师应当忠诚于人民的教育事业。"[3]教师专业化发展,既是教师这一职业的立身之本,是国家未来发展的重要保障,也是大变局时代国际社会实现可持续发展目标的重要课题。联合国教科文组织在2019年世界教师日,向全球发出关注教师行

---

[1] 韩愈. 昌黎先生集考异[M]. 上海:上海古籍出版社,1985.
[2] 雅斯贝尔斯. 什么是教育[M]. 邹进,译. 北京:生活·读书·新知三联书店,1991.
[3] 中华人民共和国中央人民政府官网. 中华人民共和国教师法[EB/OL]. (2005-05-25)[2021-01-12]. http://www.gov.cn/banshi/2005-05/25/content_937.htm.

业未来发展的倡议,并提出"可持续发展目标",第四个目标要求 2030 年实现全民优质教育,教学将发挥关键作用,没有教师,这一目标将无法实现①。

本节重点探讨的是英语教师专业化的问题,这一问题本质上也是教师专业化发展谱系中的一个议题,因为按照马克思主义哲学观,共性存在于特性之中,而特性也会以不同的形式表现共性。由此,我们有必要将这一问题放在更大的教育图景中来考察,按照这一逻辑,我们试图回答如下重要问题。

(1)什么是教师专业化?
(2)英语教师专业化有何学科特色?
(3)为什么英语教师需要专业化发展?
(4)面向新时代的教育,如何实现英语教师专业化发展?
(5)英语教师专业化发展,将面临怎样的前景与挑战?

一、从教师职业化到专业化教师

纵观人类历史,教师这一角色虽早已有之,但其成为职业经过了漫长的过程,是人类社会发展到一定历史阶段的产物。教师专业化则是其后续的篇章,现代社会变迁和教育革新浪潮催生了专业化的教师队伍以及教师专业化的理念。

(一)教师职业化历程

社会需求是教师发展成为职业的根本动力。在社会分工出现之前,并无职业之分。职业的出现,是为了满足社会生产发展的需要。社会分工越细,职业的种类越丰富。通常意义上的"职业"可理解为职责与责任和业务与事业,因此职业工作者往往是指在某个领域肩负某种责任的人员。某项工作能被纳入职业范畴,往往需同时具备如下几个特征:①较大程度上满足社会分工的需要;②是可以长期从事的社会活动;③要求从业人员具备特定的能力;④从业人员需承担特定社会责任;⑤从业人员能获得职业收入。

教师是一项古老的职业。原始社会是教师职业形成的萌芽期。在原始社会前期,教育与生产、生活一体化,因此并未产生教师和学校的概念。据有关史料记载,原始社会后期,印第安人原始部落举行首长换届仪式时,需有专人向就职者讲述前任首长为集体立功奉献的故事,而这种仪式也需世代相传,于是便出现了西方国家最初的教师。也有记载说明,西方国家最初的教师源自宗教仪式中的牧师和神父。在中国,提到教师,人们马上会联想到古代的私塾和先生。据史料记载,春秋时期,孔子为了推行他的政治主张,创办了中国第一个"私塾",当时跟随者达三千人,精通六艺者高达七十二人。在漫长的封建社会,私塾、公学并行,凡传道授业者皆被尊称为"先生",即现代意义的教师。

教师从其他行业中分离出来后,慢慢发展成为一门独立的职业。教师职业从兼职过渡

---

① 联合国教科文组织. 2019 年世界教师日:联合国教科文组织会议聚焦教师行业未来[EB/OL]. (2019-10-02)[2021-01-12]. https://zh.unesco.org/news/2019nian-shi-jie-jiao-shi-ri-lian-he-guo-jiao-ke-wen-zu-zhi-hui-yi-ju-jiao-shi-xing-ye-wei.

到专门的教师,是历史的进步,也意味着教育开始远离政治事务、宗教行为,获得了独立的合法性。中国古代的教师并非以教学为专门职业,因为当时实行官师一体的政教制度,官学教师由政府官员兼任,私学教师也大多是等待科考或征辟的清贫知识分子;古代士人阶层在做官与求官的过程中兼承了教书的职能,因此教书只是科考或做官的副业。而在古代西方,教会学校是中世纪最主要的组成部分,僧侣、牧师和神父自然地履行教师角色,但他们的主要职责是使宗教知识和宗教意识作为正统观念内化到学生的头脑中,因此教育也只是他们的副业①。

(二)从职业的教师到教师专业化

早期的教育,由于受教育者人数不多,加上教学内容比较单一,对教师的专业化要求并不高。但社会生产力的进一步发展,对教师的职业素养和专业化提出了要求,于是出现了对教师从业者进行专业训练的活动。教师职业地位确立,主要表现在教育培训学校、教育研究生院的兴起。最早对教师开展教育教学活动的是欧洲,专门的师资培训机构最早诞生于法国。1684年,法国基督教学校兄弟会在欧洲创办了以培养初等教育师资为目标的讲习所,被教育界认为是近代教师教育的开端。在普鲁士,具有师范学校性质的教员养习所,是培养教师的主要场所。1823年,美国教育家们在考察了法国、普鲁士等欧洲国家开办的师范学校后,建立了美国第一所私立师范学校。1839年,在马萨诸塞州莱克星顿成立了第一所州立师范学校;自此,初等学校师资的培养有了正式机构,这是美国师范教育史上的第一个里程碑②。由于制度化、体系化教育的迅速发展,加上科学对教育的渗透,德国很快成为19世纪世界各国教育发展的典范。中国建立开放的教师教育体系,主要源于市场机制的引入。中华人民共和国成立以来,师范教育、教师教育不断涌现,极大地促进了教师专业化的发展。

世界各国政府为了推进教育的体系化、专业化发展,颁布了一系列法令。比如,19世纪初,法国相继制定和颁布《康多塞法案》(1802年)、《帝国大学令》(1808年),对师范教育的地位予以确定,保证并直接促进了该国公立师范教育制度的建立和发展。1958年,美国国会通过《国防教育法》,首次将教育置于事关国家安全的优先发展地位。

随着教育体系的确立,开始出现教师从业者认证制度。受资格证书制度的影响,教师资格证书制度形成,这主要源于人们对教师职业责任的关注。教师教育机构认可制度产生于19世纪的美国,到二战后演变为声势浩大的教师专业化运动。1857年,美国成立全国教育协会,被认为是教师教育机构认证的开端。中华人民共和国成立后,中国主要借鉴苏联师范教育的经验,在原师范教育制度的基础上,对师范教育制度、体系逐步进行了规范和完善。

第二次世界大战的爆发,改变了世界政治格局,凸显了教育在各国综合实力抗衡中的作用,也引发了国际社会对教育改革、教师专业发展、专业教育的广泛关注。1966年10月5日,联合国教科文组织和国际劳工组织在法国巴黎召开"关于教师地位的政府特别会议",会议通过了《关于教师地位的建议书》。该建议书阐明了教师的权利和责任,以及教师的入门培养和进一步教育、招聘、就业、教学条件等方面的国际标准,关于教师职业性的条款明确表

---

① 车丽娜,徐继存. 我国教师专业化:历程、问题与发展[J]. 教育理论与实践,2008(10):36-40.
② 马国义. 美国师范教育发展历史给我们的启示[J]. 张家口师专学报,2001(1):65-69.

示:"应该把教学工作看作一种职业;它是公共服务的一种形式,需要教师通过严格的和持续的学习获得和保持专门知识和专门技能;它还要求个人和集体对于教育以及他们所负责的学生的福利有一种责任感"[1];1997年,联合国教科文组织和国际劳工组织通过《关于高等教育教学人员地位的建议》,对《关于教师地位的建议书》进行了补充,明确了教师队伍涵盖高等教育领域的教学和研究人员。2020年,世界教师日以"教师:危机中的领导者,未来的重塑者"为主题,高度颂扬教师在2019年新冠肺炎疫情中的卓越贡献,教师职业地位和成就得到极大肯定,"教师正是努力实现'不让任何人掉队'这一全球教育目标的核心"[2]。

联合国教科文组织和国家劳工组织的一系列倡议,开启并推动了世界各国展开教师专业化研究的热潮。到20世纪80年代,"教育专业发展"(professional development of teachers)成为世界教育年鉴的主题,在全球范围内引发了一系列以提高教师素质为核心的教育改革运动。美国霍姆斯小组在1986年、1990年和1995年先后发表的《明天的教师》《明日之学校》《明日之教育学院》等一系列报告,卡内基教育和经济论坛工作组于1986年发表的《国家为培养21世纪的教师做准备》的报告,倡导通过确立教学工作的专业性地位、培养训练有素的专业化教师等途径来提高美国的教育教学质量,由此引发了声势浩大的教师专业化运动[3]。

顺应国际社会发起的教师专业化潮流,中国政府自改革开放以来,在促进教师专业化、制度化发展方面付出了诸多努力。1977年,中国重新恢复高考制度。1985年,中共中央颁布的《关于教育体制改革的决定》,被认为是新时期教育的真正起点。20世纪90年代中期之后,教育逐渐走上教育产业化的发展道路。2000年,第一部《中华人民共和国职业分类大典》首次将教师归于"专业技术人员"一类。虽然学界对教师专业化有不同的解读,但大多数学者认可如下观点:教师的专业化发展,指的是教师个人由非专业人员转变为专业人员的过程[4]。

二、发展中的英语教师专业化

党的十九大明确提出:"要全面贯彻党的教育方针,落实立德树人根本任务,发展素质教育,推进教育公平,培养德智体美全面发展的社会主义建设者和接班人"[5]。基础教育课程承载了党的教育思想与教育方针,是国家意志在教育领域的直接体现,在指导教师立德树人、专业化发展方面发挥关键作用。

中国的基础教育课程改革启动于2001年,是党中央、国务院为迎接知识经济时代的到

---

[1] 联合国教科文组织.1966年国际劳工组织/教科文组织《关于教师地位的建议》[EB/OL].(2008-10-02)[2021-01-12]. https://unesdoc.unesco.org/ark:/48223/pf0000160495_chi.page=19.

[2] 联合国教科文组织.世界教师日[EB/OL].(2020-10-02)[2021-01-12]. https://zh.unesco.org/commemorations/worldteachersday.

[3] 车丽娜,徐继存.我国教师专业化:历程、问题与发展[J].教育理论与实践,2008(10):36-40.

[4] 左崇良,吴云鹏.教师专业发展研究:进展与方向[J].中国成人教育,2019(19):74-79.

[5] 新华网.立德树人,习近平这样阐释教育的根本任务[EB/OL].(2019-03-18)[2021-01-12]. http://www.xinhuanet.com/politics/xxjxs/2019-03/18/c_1124247058.htm.

第三章 英语教师论

来,应对日益激烈的国际竞争,立足于全面提高国民素质,提升综合国力做出的重大战略决策。基础教育课程改革大力调整和改革基础教育的课程体系、结构、内容,构建符合素质教育要求的新的基础教育课程体系,该体系涵盖幼儿教育、义务教育和普通高中教育。

新一轮基础教育课程改革已推行20余年,目前已基本建立起适合中国国情、适应时代发展要求的基础教育课程体系,更新了教育理念,变革了人才培养模式,提升了教师队伍的整体水平,推动了考试评价制度的变革,积极促进了中国基础教育质量的提升。但是,面对世界前所未有之大变局,面对科技、经济、文化的迅猛发展以及社会生活的深刻变化,随着新时代社会主要矛盾的转化,新时代对提高国民素质和人才培养质量提出新要求。在这样的背景下,教育部多次启动课程改革文件的修订工作,对各个学科的课程性质、基本理念、学科核心素养、课程目标、课程结构、课程内容、学业质量评估等进行了大刀阔斧的改革。对英语教师而言,身处学科发展的浪潮中,必须主动乘风破浪,适应专业化发展的潮流。而动荡不安的世界,给英语教师专业化发展增添了更多变量,后文将详细阐述。

考虑到各个省份的高考改革正在如火如荼地展开,我们将以《普通高中英语课程标准(2017年版)》(下文简称为《高中英语课程标准》)作为分析对象,探讨高中英语学科改革的本质,新课改背景下英语教学呈现出的特点,以及英语教师专业化发展中的新变化。

(一)关于英语教学的"灵魂之问":英语是一门技能还是一门语言?

从高考招生制度改革的历程来看,其初心在于探索招生和考试相对分离、学生考试多次选择、学校依法自主招生、专业机构组织实施、政府宏观管理、社会参与监督的运行机制,从根本上解决一考定终身的问题[①]。2014年9月,国务院印发《关于深化考试招生制度改革的实施意见》,这是中央部署全面深化改革的一项重要举措。此后,各省市陆续发布高考综合改革实施方案,因地制宜探索高考改革新模式。

结合新时代、新环境,《高中英语课程标准》对英语这门课程的性质、基本理念、学科核心素养、课程目标、课程结构、课程内容以及学业质量各个方面进行了重新定位,直击这门学科的"靶心"——把英语视为一门技能,还是回归其语言的本质?

在课程性质的章节,有如下阐述,"普通高中英语课程作为一门学习及运用英语语言的课程,与义务教育阶段的课程相衔接,旨在为学生继续学习英语和终身发展打下良好基础。普通高中英语课程强调对学生语言能力、文化意识、思维品质和学习能力的综合培养,具有工具性和人文性融合统一的特点。普通高中英语课程应在义务教育的基础上,帮助学生进一步学习和运用英语基础知识和基本技能,发展跨文化交流能力,为他们学习其他学科知识、汲取世界文化精华、传播中华文化创造良好的条件,也为他们未来继续学习英语或选择就业提供更多机会。普通高中英语课程同时还应帮助学生树立人类命运共同体意识和多元文化意识,形成开放包容的态度,发展健康的审美情趣和良好的鉴赏能力,加深对祖国文化的理解,增强爱国情怀,坚定文化自信,树立正确的世界观、人生观和价值观,为学生未来参

---

① 央视网. 打破一考定终身 学生考试可多次选择[EB/OL]. (2013-11-17)[2021-01-12]. http://news.cntv.cn/2013/11/17/ARTI1384649097466317.shtml.

与知识创新和科技创新,更好地适应世界多极化、经济全球化和社会信息化奠定基础。"①

英语课程的性质决定了英语教学的方向和基本理念。《高中英语课程标准》这样概述,"英语属于印欧语系,是当今世界广泛使用的国际通用语,是国际交流与合作的重要沟通工具,是思想与文化的重要载体。学习和使用英语对汲取人类优秀文明成果、借鉴外国先进科学技术、传播中华文化、增进中国与其他国家的相互理解与交流具有重要的意义和作用。"②

综上,新课改背景下英语教学呈现出如下新的特点。

(1)倡导以可持续学习为宗旨,让英语回归语言本质,实现工具性和人文性的融合和统一。

这种倡导摆脱了英语仅为一门技能的单一视角,让语言教学返璞归真,既要求学生掌握英语基础知识和基本技能,也强调对学生语言能力、文化意识、思维品质和学习能力的综合培养。苏联著名教育家苏霍姆林斯基曾说,"只有能够激发学生去进行自我教育的教育才是真正的教育",一语道破教育的本质规律;对于英语教学而言,只有真正激发学生自我教育的潜质,才能让英语教学为学生的持续学习和未来的职业发展铺好道路。

(2)倡导以爱国主义教育为基调,坚定学生的文化自信,树立正确的"三观",以适应世界发展潮流。

习近平主席强调"文化自信",意义深远。英语被引入中国教育体系,也曾引发关于文化入侵问题的热烈讨论。但正如习近平所指出的,中国文化具有强大的"基因密码",包含如下几个特质:第一,中国文化是中华优秀传统文化、革命文化和社会主义先进文化的有机组合;第二,中国文化具有极强的创造力;第三,中国文化具有极强的融合力③。因此,在坚持文化自信的同时,中国应敞开大门与世界各国各民族开展积极的文化交流,这样一来,中国特色文化发展道路将越走越宽广。英语教学自然就承担了发扬本土文化、与西方文化兼容并蓄的任务。

(3)倡导全球化视野,帮助学生树立人类命运共同体意识和多元文化意识。

如今的世界在技术的变革力量下,已实现互通互联,世界各地的人们仿佛同处一个"地球村"。"远方的灾难"可能很快就演变成"身边的危险",在全球性公共卫生危机事件面前,没有一个国家是"孤岛",也没有国家能独善其身,人类命运紧密相连。在众多的国际议题面前,守望相助,共渡难关才是良策。英语作为一门全球性通用语言,是沟通中国与世界的重要媒介。英语教学能潜移默化地培养学生的人类命运共同体意识和多元文化意识,这种全球化视角对学生未来的发展极其关键。

(二)英语教师专业化:是在学科领域精耕细作,还是开辟一个十字路口?

《高中英语课程标准》明确英语课程内容作为发展学生英语学科核心素养的基础,包含

---

① 豆丁网. 普通高中英语课程标准(2017年版)[EB/OL]. (2018-11-30)[2021-01-12]. https://www.docin.com/p-2153978407.html.

② 豆丁网. 普通高中英语课程标准(2017年版)[EB/OL]. (2018-11-30)[2021-01-12]. https://www.docin.com/p-2153978407.html.

③ 人民网. 坚定我们的文化自信[EB/OL]. (2018-10-27)[2021-01-12]. http://theory.people.com.cn/n1/2018/1027/c409499-30366342.html.

如下六个要素:主题语境、语篇类型、语言知识、文化知识、语言技能和学习策略(见图3-1)。主题语境涵盖人与自我、人与社会和人与自然,涉及人文社会科学和自然科学领域等内容,为学科提供话题和语境[①]。其核心理念在于,实践英语学习活动观,提升学生的"学用能力"。从重视考试技能到重视学生的学用能力,是一次大刀阔斧的改革。在适应课程内容新要求的过程中,英语教师将面临这个选择:继续在学科领域精耕细作,还是开辟一个十字路口?前者要求教师在专业性方面精益求精、不断攀登,倡导英语教师不断探索这门语言的教学规律,精心打磨每一堂课,引领学科发展的前沿,在实际教学中发现问题并解决问题,发表高质量的教学论文等;后者则强调以英语课堂为"实验室",为人文社会科学、自然科学的交汇创造条件,倡导英语教师拓宽学科视野,对其他领域加深了解,善于选择和整合各学科资源,为自己所用。

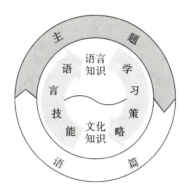

图3-1 六要素整合的英语课程内容图示

资料来源:《普通高中英语课程标准(2017年版)》。

以《高中英语课程标准》为指导性纲领,新时代英语教师专业化呈现以下新的特点。

1. 重视教师的自我教育能力、终身学习能力,教学相长

"真正的教育总是要靠那些不断自我教育以不断超越的教育家得以实现。他们在育人的交往中不停地付出、倾听,严格遵守理想和唤醒他人的信念,以学习的方法和传授丰富内容的方式找到一条不为别人所钳制的路径"[②]。在新的课程标准体系下,教师将本色"出演"两个最关键的角色:传道授业的教师和自我教育者。苏联教育家苏霍姆林斯基在《给教师的一百条建议》中提出"没有抽象的学生",即学生的情况存在差异性,因此,教师应因材施教,为每个学生量身定制课堂。这对教师的教学理念很有启发,要求教师不仅要对课堂有敏锐的洞察力,而且要善于自我教育,不断反思不足,自我更新。

2. "专业化"内涵和外延大大拓宽,要求教师不仅要"专",而且要"博"

《高中英语课程标准》主题语境由三个有机部分构成:人与自我,人与社会和人与自然,涵盖如下10个主题群:生活与学习,做人与做事,社会服务与人际沟通,文学、艺术与体育,历史、社会与文化,科学与技术,自然生态,环境保护,灾害防范,宇宙探索。

---

① 豆丁网. 普通高中英语课程标准(2017年版)[EB/OL]. (2018-11-30) [2021-01-12]. https://www.docin.com/p-2153978407.html.

② 雅斯贝尔斯. 什么是教育[M]. 邹进,译. 北京:生活·读书·新知三联书店,1991.

《中华人民共和国教师法》对教师资格申请者有相应的规定："取得高级中学教师资格和中等专业学校、技工学校、职业高中文化课、专业课教师资格,应当具备高等师范院校本科或者其他大学本科毕业及其以上学历"①,一名合格的高中教师至少已具备大学本科学历,且受过相关学科专业的教育。从大学教育的角度看《高中英语课程标准》中的主题语境,涵盖了哲学、心理学、传播学、语言文学、艺术学、历史学、社会学、信息学、生态学等多个专业,这极大地延展了教师专业化的发展空间。在大众普遍的认知里,传统意义上的英语教师只需固守自己的"一亩三分地";而现实情况是,这"一亩三分地"已远远无法满足英语教学的需要,也无法满足教师长远职业发展的需要;更具挑战性的是,在技术发展日新月异的当下,教学空间已突破物理界限,要求教师同时具备在虚拟空间与现实空间进行灵活转换的能力。

学科的门槛在提高,对英语教师专业化的要求也相应提高。在人才竞争日益激烈的当下,一门学科走遍天下的时代或许已经翻篇。英语教师要实现专业化发展,不仅要专于本学科,而且要博采众长。

3. 倡导教师掌握现代教育技术,营造信息化教学环境,擅长线上线下混合式教学

科学技术是第一生产力,技术的力量已渗透到包括教育在内的社会生活的各方各面。虚拟现实、人工智能、云课堂、5G等新技术应用为教育打开了新的天地。2019年底,新冠肺炎疫情突如其来,为保障师生生命安全,教育部发出"停课不停学"的通知,教学平台由线下转到线上,网络在线平台全面铺开。从全球范围来看,线上教育在应对危机方面发挥了重要作用;联合国教科文组织在2020年世界教师日发文,颂扬教师"在提供远程学习、支持弱势群体、重新开放学校和确保缩小学习差距方面做出的贡献",认为教师是"危机中的领导者、未来的重塑者"②。可以预知,在未来,线上线下混合式教学将成为教育新常态。

三、英语教师专业化发展之必要性与意义

20世80年代以来,教师专业化发展(Teacher Professional Growth)成为当代教育改革的中心主题之一,是各国教师教育的发展趋势,其核心在于提升教师素养③。英语教师专业化发展是内源性动力与外源性压力综合作用的结果,前者是指从教师主体出发,向内延展、意在抵达个人内在目标的动力;后者是指来自外部行为主体,向外延展、意在促成教师达到特定标准和要求的压力。内源性动力的展开是一个自内而外的过程,具有动态性、生成性、过程性和结构化的特点;外源性压力的展开是一个自外而内的过程,能调动行为主体的承受力、抗逆力和反抗力。在一定条件下,外源性压力可以转化为内源性动力。

从心理学角度来看,从一名新手教师成长为一名专业教师,需经历认知、态度和行为三

---

① 中华人民共和国中央人民政府官网. 中华人民共和国教师法[EB/OL]. (2005-05-25)[2021-01-12]. http://www.gov.cn/banshi/2005-05/25/content_937.htm.

② 联合国教科文组织. 世界教师日[EB/OL]. (2020-10-02)[2021-01-12]. https://zh.unesco.org/commemorations/worldteachersday.

③ 田艳阳. 独立学院专业英语教师专业化发展的调查研究[D/OL]. 南宁:广西师范大学,2017.[2020-01-13]. https://kreader.cnki.net/Kreader/CatalogViewPage.aspx? dbCode=cmfd&filename=1018012957.nh&tablename=CMFD201802&compose=&first=1&uid=.

个维度的发展。在良性外源性压力与适度内源性动力的合力下,新手教师将加速走上专业化发展的道路。

(一)教师专业化发展的内涵与特点

教师专业化发展(Teacher Professional Growth)与教师发展(Teacher Development)、教师培训(Teacher Training)、教师教育(Teacher Education)等术语有类似之处,但其本身具有特殊的含义及特点。

教师专业化发展的重点在于专业和成长。综合学界的观点,教师专业化发展具备如下典型特征:①倡导终身成长,要求教师成为一名自我教育者;②具有动态性,要求教师有创新求变思维,能适应变化多端的环境;③倡导在教学中反思,自下而上改变自己;④首先专注个人观念的改变,从而在态度、行为方面做出调整,以更好地适应职业环境。

(二)英语教师专业化发展的必要性与意义

英语教师专业化发展的直接目的在于适应新课改的要求。随着教学改革的深入,英语教学模式在探索中实现了一次次发展与变革,这就要求英语教师的专业能力不断提高,以适应新时期的英语教学[①]。

全球化语境下,英语教学面临更多机遇与挑战,对英语教师专业化发展最大的冲击在于,传统的英语教学已满足不了新兴的教学需求。为了适应国际化浪潮,英语教师必须快速成长为具备国际视野、掌握教学技术、了解学科动态的复合型人才。秉持"立德树人"的教学使命,英语教师在研修本专业的同时,还需具备跨领域的学习能力、跨文化交际能力、审美能力等,在世界观、人生观、价值观方面都能为学生做好表率。

从教师个人职业发展来看,在激烈的全球化竞争中,应该做好一切充分的准备,审时度势、步步为营,不失为应对危机的良策。

四、新文科与未来教育:英语教师专业化发展路径

(一)创新教师职业发展体系:职前培养、在职培训、学校评价体系形成完整闭环

教师职业发展体系直接关乎教师的专业化发展前景。早在多年前,英、美、澳、印等国面向高校青年教师,就已建立起职前培养、导师制、校本培养和在职培养等模式,逐渐完善相关法律、法规,确立培养方式灵活、内容多样化与现代化、开放性的培养网络体系,并健全了相应的激励机制与监督机制[②]。"他山之石,可以攻玉",这些经验可以为中国教师专业化发展提供借鉴。

---

① 马玉. 促进初中英语教师专业化成长的有效策略[J]. 考试周刊,2020(85):105-106.
② 刘肖芹. 国外高校青年教师教学能力培养模式的特点——以美、英、澳、印为例[J]. 四川职业技术学院学报,2020(3):98-100.

职前培养模式的典范是美国,美国于1993年起发起了"未来师资培养计划"。该计划一般以博士培养学校为核心建立合作小组,合作者包括综合大学、四年制大学、文理学院和社区学院等不同类型和层次的高等教育机构,让博士生参加合作学校的工作,一定程度上履行教师的职责。另外,还会选派学科相近或相同专业的导师在小组活动中就教学、科研和职业责任等方面给予指导[1]。

"教育大计,教师为本"[2],中国政府一直都非常重视教师的培训工作。2011年,国务院公报发表《教育部关于大力加强中小学教师培训工作的意见》,明确提出如下意见:①高度重视中小学教师培训,全面提高教师队伍素质;②紧紧围绕新时期教育改革发展的中心任务,开展中小学教师全员培训;③创新教师培训模式方法,提高教师培训质量;④完善教师培训制度,促进教师不断学习和专业发展;⑤加强教师培训能力建设,建立健全教师培训支持服务体系;⑥加强组织领导,为教师全员培训提供有力保障[3]。"国运兴衰,系于教育;教育是立国之本、兴国之基",《教育部关于大力加强中小学教师培训工作的意见》的发布体现了政府对师资队伍的高度重视,教师培训经费使用长效机制在推动教师专业化发展方面提供了有力保障。

良好的学校评价体系在吸引和激励教师方面发挥着重要作用。为了激励教师在教学与科研方面多出成果,美国高校设立学术休假制度,鼓励教师带薪休假,参加各种学术交流活动。在印度,政府将教师参加培训与晋升加薪联系在一起,规定教师要提升职称必须先完成相应的培训。在中国,各大高校、中小学也经常会举办各种在职培训会,在一些学校,是否出席培训也被视为教学绩效评估的一项指标。

在中国,很多一线城市的学校已在探索如何创新教师职业发展体系。在深圳,一些学校建立起教师发展中心,鼓励教师将教学课程分享至云端课程"超市",一方面可以整合教师资源,构建课程体系;另一方面,观摩优秀的课程可以激励教师实现职业成长。

(二)建立教师自我导向学习模式:自我管理、自我规划、自我决策为关键理念

以美国学者塔富(Tough)为代表的心理学家提出自我导向学习模式,该模式主要探讨学习者内在动机与外在环境的关联,旨在通过对此规律的认识促进学习者阶段性的自我成长,通过设定不同的阶段目标及情境环境假设,完善学习者自主学习模式,以期达到良好的学习效果[4]。根据自我导向学习理论,学习者将经过四个阶段,逐渐成长为成熟的自主学习者。这四个阶段分别为:自主依赖型学习阶段、普通依赖型学习阶段、参与导向学习阶段、自我导向学习阶段。

自我导向学习理论视野下的教师专业化发展,以自我管理、自我规划、自我决策为核心

---

[1] 刘凤英. 美国高校教师培训与管理的借鉴意义[J]. 江苏高教,2007(5):142-144.
[2] 聂伟. 教育大计,教师为本[J]. 小学教学研究,2019(2):1.
[3] 中华人民共和国中央人民政府官网. 教育部关于大力加强中小学教师培训工作的意见[EB/OL].(2011-01-04)[2021-01-13]. http://www.gov.cn/gongbao/content/2011/content_1907089.htm.
[4] 胡含之. 自我导向理论视野下成人教育教师的专业化发展路径[J]. 中国成人教育,2018(2):140-142.

第三章　英语教师论

理念。教师是专业发展的主体，自主依赖型学习阶段的学习者往往学习动机较弱，对外部学习环境的依赖程度较高，因此需在外部影响力推动下完成学习任务，从而实现从他律到自律的转变。学习者具备一定的自我管理能力后，就进入普通依赖型学习阶段，这时其仍存在动力不足的问题，需在外界激励下达成既定目标，因此，教师需对这个阶段的学习者予以正确的学习指导，帮助其做好自我规划。参与导向学习阶段的学习者，往往有较强的学习动机，学习目标也较为明确，只需资深专家或成熟教师点拨即可完成学习任务。自我导向学习阶段的学习者，不仅有清晰的学习思路和明确的学习目标，而且能深刻认知自我，并善于从学习中不断反思，做出自主决策，具备自我导向学习能力。

结合教师职业生命周期理论来看，教师专业化成长贯穿于教师职业成长生命周期的各个阶段，且各阶段对职业化的要求存在差异性：在专业化成长的初级和衰退阶段，职业化要求较低，而在成熟和稳定阶段，职业化要求最高；分析表明，教师职业技能和知识结构基础、教师职业生涯意识的培养和提高、教师专业化成长理念的培育和形成、教师职业通道设计和模式创新是影响教师专业化成长的关键性因素[①]。教师专业化成长以教师职业生涯规划为基础，其主要包括外部环境和内在动力两个方面。组织心理学教授施恩认为，职业生涯包括外生涯和内生涯[②]，这意味着，教师专业化成长中需注重专业化发展的外部环境和教师内在素养的提升。

（三）发挥英语专业优势，多重角色为职业"加码"：故事讲述者和学科未来引领者

英语是世界上使用最广泛的语言，借助这一媒介，英语教师可在世界地图上自由"行走"。语言的工具性带来了极大的优势，通过它可以开启通往世界各国文化的大门。中华人民共和国成立以来，中国外交经历了如下三个阶段：向世界讲述中国，向中国讲述世界，向世界讲述世界。作为跨文化学习者，英语教师在未来可以成长为出色的故事讲述者，因为目前中国正处于向世界讲述世界的阶段，国家对具备国际视野、深谙各国文化的外交人才有很大的需求。

改革开放40多年来，中国各种国际交流活动越来越频繁，世界人才竞争也越来越激烈。对未来的中国而言，英语教学将面临更大的变数，从人才库角度来看，外籍教师队伍在不断壮大，也就意味着本土英语教师的生存空间受到挤压。如何在竞争中突围？本土英语教师的职业进阶路径是创造自己的特色，以世界为舞台，既能向世界讲述中国故事，也能为中国学生讲好世界故事。

随着世界格局的风云变幻，英语教学也在颠簸中前进。学科的发展离不开前沿的研究，需有人在前面探路，引领学科发展。目前国际上很多前沿研究以英语为写作语言，基于较高的英语综合能力，英语教师能及时了解学科发展动向，在阅读思索中产生研究议题，成为知识的"产消者"，甚至发展为学科未来的引领者。对国家而言，"创新是一个民族进步的灵魂，

---

① 林立达，马莉婷. 基于教师职业生命周期理论的高校教师专业发展路径思考[J]. 武夷学院学报，2018(8)：83-88.

② 李瑞星，郑金伟. 职业生涯理论综述及其对职业生涯教育研究的启示[J]. 中国大学生就业，2013 (18)：54-60.

是一个国家兴旺发达的不竭动力"；①对个人而言,创新是职业发展的核心竞争力。从这个层面来看,学术创新将极大拓展英语教师的生存发展空间,不断延续其职业生命线。

五、教师专业化发展的前景与挑战

前文从英语教师个体角度出发,探讨了专业化发展的困境与挑战。本部分将从更宏观的视角继续探讨这一议题。

新冠肺炎疫情成为 2019 年底以来世界最大的突发性公共卫生事件。尽管世界各国和世界卫生组织采取了诸多措施,投入了大量的人力、物力,病毒仍在全球大流行,并有可能持续很长一段时间。面对类似突发事件,未来的教育该如何应对？在风险无处不在的时代语境下,英语教师又该如何实现专业化发展？

（一）风险社会的教师：如何回应新的教学诉求？

早在 20 世纪八九十年代,德国社会学家贝克最先提出"风险社会"概念,用以描述后工业社会的巨大变迁,他将风险定义为"系统地处理现代化自身引致的危险和不安全感的方式"②。今天的人类社会已进入风险社会,风险既包括自然灾害,也包括人类社会发展过程中制造的各种危机事件。风险社会是过度现代化的后果。贝克提道："随着中国与世界联系的进一步加强,国内外各种思想文化相互激荡,与西方市场经济上百年发展、完善的过程相比,中国的社会转型是'压缩饼干',以历史浓缩的形式,将社会转型中的各种社会问题呈现出来了,带来了前所未有的文明冲突和文化碰撞,历史与现实、传统与现代、本土文化与西方文明多重因素交织在一起。"③

风险无处不在,波及社会各个领域,教育也身处旋涡之中。为了应对风险,教育需要变革,对于教育的实施主体教师而言,又该如何回应新的教学诉求呢？

1. 培养学生良好的判断力与批判能力

首先,与工业化社会重视信任资本不同,这主要体现在对"社会体系的信任",对各行各业"专家体系"的充分信任④；在风险社会,由于各种不确定性、不可预测性因素,人们已不再对专家和权威顶礼膜拜,而是更多地依靠自身迅速做出判断和选择。因此,教师的任务不再只是答疑解惑,传授知识,而是积极引导学生面对生活中的矛盾与风险,帮助他们形成良好的判断力和批判能力。

2. 培养学生过硬的抗压能力与良好的专注力

在这个信息过载、危机四伏的社会,人们对异常的气候、频发的自然灾害、经济危机、加

---

① 中华人民共和国中央人民政府官网. 全国科学技术大会召开在即：为创新型国家奠基[EB/OL]. (2006-01-08)[2021-01-17]. http://www.gov.cn/govweb/jrzg/2006-01/08/content_151234.htm.
② 中国社会科学网. 风险社会的特征、危害及其应对[EB/OL]. (2017-02-23)[2021-01-13]. http://m.cssn.cn/fxx/fxgdxw/201702/t20170223_3427090.shtml.
③ 薛晓源,刘国良. 全球风险世界：现在与未来——德国著名社会学家、风险社会理论创始人乌尔里希·贝克教授访谈录[J]. 马克思主义与现实,2005(1)：44-55.
④ 薛晓源,刘国良. 全球风险世界：现在与未来——德国著名社会学家、风险社会理论创始人乌尔里希·贝克教授访谈录[J]. 马克思主义与现实,2005(1)：44-55.

剧的失业问题、诚信危机、网络风险等充满恐惧和担忧,无所适从。教师有责任使这个动荡不安的世界变得更加和谐,帮助学生正确看待非常态事件,锻炼过硬的抗压能力。值得深思的是,技术发展带来的负面效应在风险社会进一步放大,信息不再是稀缺资源,而是危机制造者之一,无处不在的信息令人无所遁形,注意力变得极其稀缺,因此,教师有必要教导学生远离诱惑,培养其良好的抗干扰能力、专注力。

3. 培养学生成为具有"责任伦理"的高素质公民

工业社会的教育,着重培养经济社会所需的人才,主流理论是人力资本理论。在风险社会,需要的是风险伦理和责任理论,因为所有风险本质上都是在现代化发展过程中产生的,很多风险事件是由不负责任的个体、团体、政府、组织等造成的。所以,教师有必要教导学生成为有责任伦理的高素质公民,以"责任原则"衡量自己的所作所为,秉持对他人和整个社会负责的态度。

(二) 知识产权之思:如何妥善安置教学成果?

面向新时代的教学,分享成为一种新的风尚。互联网的本质在于连接和共享,信息以惊人的速度快速流动,教学资源已不再局限于物理空间,网络资源库更是丰富多彩。互联网福利似乎降临到每一个平凡的个体身上,但作为成果创造者的教师,不得不忧心知识产权问题,因而深陷困境:若不分享自己有限的教学成果,有可能让自己的专业化发展道路越来越窄;若选择分享,自己的成果很可能得不到应得的尊重与回报。在中国,虽然知识付费经济模式已兴起,但其产业化发展仍在爬坡阶段。由于教师教学成果具有半公共产品性质,如何在保障教师基本权益的基础上,尽力满足社会生产发展的需要,仍有待探索。

(三) 贯彻党的十九大精神:如何成为新时代高素质专业化创新型教师?

2018年1月20日,中共中央、国务院发布《关于全面深化新时代教师队伍建设改革的意见》,面向新时代教师队伍提出如下目标:"到2035年,教师综合素质、专业化水平和创新能力大幅提升,培养造就数以百万计的骨干教师、数以十万计的卓越教师、数以万计的教育家型教师。教师管理体制机制科学高效,实现教师队伍治理体系和治理能力现代化。教师主动适应信息化、人工智能等新技术变革,积极有效开展教育教学。尊师重教蔚然成风,广大教师在岗位上有幸福感、事业上有成就感、社会上有荣誉感,教师成为让人羡慕的职业。"①该意见不仅提出明确要求,也提供具体实施路径,以教师为主体可以概括出如下几条:①成长为专业领域突出、底蕴深厚的研究生层次教师;②根据基础教育改革需要,以实践为导向优化教师教育课程体系,强化"钢笔字、毛笔字、粉笔字和普通话"等教学基本功和教学技能训练;③参加教师国培计划,争取赴海外研修访学的机会;④充分利用"一带一路"建设和人文交流机制,申请赴海外名校双向交流,或赴孔子学院支教;⑤努力成长为社会科学名师,既是科学家也是教育家。

---

① 中华人民共和国中央人民政府官网. 中共中央 国务院 关于全面深化新时代教师队伍建设改革的意见[EB/OL]. (2018-01-31)[2021-01-17]. http://www.gov.cn/xinwen/2018-01/31/content_5262659.htm.

参考文献

Reference

一、著作类

[1] Gardner H. Intelligence Reframed：Multiple Intelligences for the 21th Century[M]. New York：Basic Books,1999.

[2] Macalister J, Nation I S P. Language Curriculum Design[M]. New York：Routledge,2019.

[3] 艾伦·C.奥恩斯坦,费朗西斯·P.汉金斯. 课程：基础、原理和问题[M].3版.柯森,主译. 南京：江苏教育出版社,2002.

[4] 曹亚民. 英语课程与教学论新编[M].南京：江苏教育出版社,2010.

[5] 曹媛敏,贺凯旋,周珂,等. 高中英语阅读教学中的课程资源开发与利用[C]//中国管理科学研究院教育科学研究所.《教师教育能力建设研究》科研成果汇编(第十卷),2018.

[6] 教育部基础教育课程教材专家工作委员会. 义务教育英语课程标准(2011年版)解读[M]. 北京：北京师范大学出版社,2012.

[7] 程晓堂,郑敏. 英语学习策略——从理论到实践[M]. 北京：外语教学研究出版社,2002.

[8] 戴维.H.乔纳森. 学习环境的理论基础[M]. 郑太年,任有群,译.上海：华东师范大学出版社,2002.

[9] 丁念金. 课程论[M]. 福州：福建教育出版社,2007.

[10] 范兆雄. 课程资源概论[M]. 北京：中国社会科学出版社,2002.

[11] 顾明远,石中英. 国家中长期教育改革和发展规划纲要(2010—2020年)解读[M].北京：北京师范大学出版社,2011.

[12] 关松林. 高中英语学科知识与教学能力[M].北京：高等教育出版社,2011.

[13] 华国栋. 高等学校小学教育专业教材：教育研究方法[M].2版.南京：南京大学出版

社,2013.

[14] 韩愈.昌黎先生集考异[M].上海:上海古籍出版社,1985.
[15] 章兼中.英语课程与教学论[M].福州:福建教育出版社,2016.
[16] 江山野.简明国际教育百科全书:课程[M].北京:教育科学出版社,1991.
[17] 雅斯贝尔斯.什么是教育[M].邹进,译.北京:生活·读书·新知三联书店,1991.
[18] 鲁子问,王笃勤.新编英语教学论[M].上海:华东师范大学出版社,2006.
[19] 鲁子问.中学英语教学设计[M].上海:华东师范大学出版社,2019.
[20] 梅德明,王蔷.普通高中英语课程标准(2017年版)解读[M].北京:高等教育出版社,2018.
[21] 施良方.课程理论——课程的基础、原理与问题[M].北京:教育科学出版社,1996.
[22] 束定芳,庄智象.现代外语教学:理论、实践与方法[M].上海:上海外语教育出版社,2008.
[23] 拉尔夫·泰勒.课程与教学的基本原理[M].施良方,译.北京:人民教育出版社,1994.
[24] 王本陆.课程与教学论[M].北京:高等教育出版社,2017.
[25] 王立非.现代外语教学论[M].上海:上海外语教育出版社,2000.
[26] 王蔷.英语教学法教程[M].2版.北京:高等教育出版社,2006.
[27] 叶澜.教育学原理[M].北京:人民教育出版社,2007.
[28] 约翰·杜威.民主主义与教育[M].王承旭,译.北京:人民教育出版社,2011.
[29] 张敬彩.小学课程与教学论[M].北京:北京师范大学出版社,2017.
[30] 张志富.英语学科知识与教学能力[M].北京:高等教育出版社,2013.
[31] 中华人民共和国教育部.普通高中英语课程标准(2017年版)[S].北京:人民教育出版社,2018.
[32] 中华人民共和国教育部.普通高中英语课程标准(实验版)[S].北京:人民教育出版社,2003.
[33] 中华人民共和国教育部.义务教育英语课程标准(2011年版)[M].北京:北京师范大学出版社,2012.
[34] 中华人民共和国教育部.义务教育英语课程标准(2022年版)[S].北京:北京师范大学出版社,2022.
[35] 中华人民共和国教育部.普通高中英语课程标准(2017年版2020年修订)[M].北京:人民教育出版社,2020.
[36] 中小学教师专业发展标准及指导课题组.中小学教师专业发展标准及指导 英语[M].北京:北京师范大学出版社,2013.
[37] 周均.美国教师教育认可标准的变革与发展——全美教师教育认可委员会案例研究[M].北京:北京师范大学出版社,2009.
[38] 钟启泉.现代课程论[M].上海:上海教育出版社,1989.

二、期刊论文

[1] 彬彬,孔凡哲.试析教师开发利用课程资源的实践困惑[J].中国教育学刊,2014(11):

68-72.

[2] 蔡润林.互动式教学在英语课堂教学中的应用[J].教育探索,2014(1):64-65.

[3] 曹煜茹.基于语类教学法的统计图表英语写作教学探讨[J].长春师范大学学报,2019(5):171-174.

[4] 车丽娜,徐继存.我国教师专业化:历程、问题与发展[J].教育理论与实践,2008(10):36-40.

[5] 陈莉.美国外语教师教育:标准、模式和特点[J].外国教育研究,2013(12):115-122.

[6] 程晓堂.课程改革背景下英语课程资源的开发和使用:问题与建议[J].课程·教材·教法,2019(3):96-101.

[7] 褚宏启.核心素养的概念与本质[J].华东师范大学学报(教育科学版),2016(1):1-13.

[8] 崔允漷.素养:一个让人欢喜让人忧的概念[J].华东师范大学学报(教育科学版),2016(1):3-5.

[9] 范丛丛.语法翻译法新解[J].兰州教育学院学报,2013(2):141-143.

[10] 龚亚夫.创建我国中小学英语教师知识与能力体系——中小学英语教师专业等级标准的制订[J].中国教育学刊,2011(7):60-65.

[11] 郭少英,朱成科."教师素养"与"教师专业素养"诸概念辨[J].河北师范大学学报(教育科学版),2013(10):67-71.

[12] 韩宝成,曲鑫.中小学外语教师核心专业素养与评价——第五届中国外语教育高层论坛综述[J].东北师大学报(哲学社会科学版),2016(4):210-215.

[13] 何姗姗.多元智能理论在大学英语教学中的应用[J].池州学院学报,2018(3):145-147.

[14] 胡含之.自我导向理论视野下成人教育教师的专业化发展路径[J].中国成人教育,2018(2):140-142.

[15] 胡舟涛.英语项目式教学的探索与实践[J].教育探索,2008(2):70-71.

[16] 黄友初.教师专业素养内涵结构和群体认同差异的调查研究[J].湖南师范大学教育科学学报,2019,18(1):95-101.

[17] 胡智锋,樊小敏.中国融合教育的发展、困境与对策[J].现代教育管理,2020(2):1-7.

[18] 贾爱武.美国外语教师教育及专业资格标准政策研究[J].外语界,2006(2):41-46,52.

[19] 焦建利.慕课教学法之管窥(下)[J].中国远程教育,2014(22):89-90.

[20] 教育部.基础教育课程改革纲要(试行)[J].人民教育,2001(9):6-8.

[21] 金家新,兰英.从外貌模式到回应模式——论斯泰克(R. E. Stake)的课程评价理论[J].国教育研究,2010(10):14-17.

[22] 力明.合作教学法在艺术类高职院公共英语教学中的应用探索[J].湖北函授大学学报,2015(23):170-171.

[23] 李瑞星,郑金伟.职业生涯理论综述及其对职业生涯教育研究的启示[J].中国大学生就业,2013(18):54-60.

[24] 李先进,彭娟.大学英语分级教学:问题与对策[J].吉林工商学院学报,2010(2):106-108.

[25] 李雁冰.质性课程评价研究[D].上海:华东师范大学,2000.

[26] 林立达,马莉婷.基于教师职业生命周期理论的高校教师专业发展路径思考[J].武夷学院学报,2018(8):83-88.

[27] 刘德华.中国基础教育改革的时代之音——叶澜关于基础教育改革的思想[J].教育科学研究,2003(11):20-21.

[28] 刘凤英.美国高校教师培训与管理的借鉴意义[J].江苏高教,2007(5):142-144.

[29] 刘坤.高校教师素养研究[J].长春师范大学学报,2019(1):142-145.

[30] 刘佩佩.几种典型课程评价模式探析[J].湖北第二师范学院学报,2011(3):117-119.

[31] 刘肖芹.国外高校青年教师教学能力培养模式的特点——以美、英、澳、印为例[J].四川职业技术学院学报,2020(3):98-100.

[32] 龙宝新.微环境视野中的教师素质共生论[J].天津师范大学学报(基础教育版),2018(2):7-13.

[33] 陆谷孙.英语教师的各种素养[J].外语界,2003(2):2-6,23.

[34] 马国义.美国师范教育发展历史给我们的启示[J].张家口师专学报,2001(1):65-69.

[35] 马玲.信息时代未来教师核心素养的变与不变[J].中国成人教育,2018(5):149-151.

[36] 马玉.促进初中英语教师专业化成长的有效策略[J].考试周刊,2020(85):105-106.

[37] 聂伟.教育大计,教师为本[J].小学教学研究,2019(6):1.

[38] 石鸥.核心素养的课程与教学价值[J].华东师范大学学报,2016,34(1):9-11.

[39] 石亚兵,刘君玲.我国中小学教师专业素质结构发展的特征和演变逻辑——基于1980—2012年教师教育政策文本的分析[J].全球教育展望,2019(3):92-106.

[40] 苏尚锋.学科课程资源开发的三个视角及其理性分析[J].课程·教材·教法,2011(6):3-8.

[41] 孙有中,张虹,张莲.《国标》视野下外语类专业教师能力框架[J].中国外语,2018(2):4-11.

[42] 唐录青.核心素养视域下关于教师素养的思考[J].当代教育实践与教学研究,2017(6):139,81.

[43] 滕珺.21世纪核心素养:国际认知及本土反思[J].教师教育学报,2016(2):103-110.

[44] 吴刚平.课程资源的理论构想[J].教育研究,2001(9):59-63,71.

[45] 吴刚平.中小学课程资源开发和利用的若干问题探讨[J].全球教育展望,2009(3):19-24.

[46] 吴婷.新时代"四有"好老师"一体两翼"格局构建探析[J].黑龙江教师发展学院学报,2022(3):15-17.

[47] 许锡良."核心素养"不核心[J].教师教育论坛,2016(10):90-91.

[48] 薛方静.戏剧教学让英语课堂"活"起来[J].中国教育学刊,2018(12):103.

[49] 薛晓源,刘国良.全球风险世界:现在与未来——德国著名社会学家、风险社会理论创始人乌尔里希·贝克教授访谈录[J].马克思主义与现实,2005(1):44-55.

[50] 叶澜.新世纪教师专业素养初探[J].教育研究与实验,1998(1):41-46,72.

[51] 于丽.学科群英语语料库建设的基本思路——以语言学、社会学、人类学和心理学为例[J].沈阳大学学报(社会科学版),2018(5):625-629.

[52] 喻平.教师的认识信念系统及其对教学的影响[J].教师教育研究,2007(4):18-22.

[53] 余文森.关于教学情境[J].职业教育研究,2007(9):63.

[54] 袁洪婵.全语言——理论基础、实践、启示[J].外语与外语教学,2001(8):6-8.

[55] 袁振国.从"师范教育"向"教师教育"的转变[J].中国高等教育,2004(5):29-31.

[56] 曾君.教育研究中定量与定性研究法的比较[J].广西教育学院学报,2000(3):12-18.

[57] 曾文茜,罗生全.国外中小学教师核心素养的价值分析[J].外国中小学教育,2017(7):9-16.

[58] 曾文茜,罗生全.教师核心素养的生成逻辑与价值取向[J].教学与管理,2017(28):1-4.

[59] 张光陆.教师核心素养内涵与框架的比较研究[J].宁波大学学报(教育科学版),2018(5):101-106.

[60] 张剑平.英语任务型教学法设计与反思[J].英语学习,2017(10):138-139.

[61] 张娜.DeSeCo项目关于核心素养的研究及启示[J].教育科学研究,2013(10):39-45.

[62] 张廷凯.基于课程资源的有效教学研究[J].课程·教材·教法,2012(5):3-5.

[63] 仲伟合,王巍巍."国家标准"背景下我国英语类专业教师能力构成与发展体系建设[J].外语界,2016(6):2-8.

[64] 周丹,王雁.美国融合教育教师素养构成及启示[J].比较教育研究,2017(3):89-95,100.

[65] 朱旭东.教师教育标准体系的建立:未来教师教育的方向[J].教育研究,2010(6):30-36.

[66] 左崇良,吴云鹏.教师专业发展研究:进展与方向[J].中国成人教育,2019(19):74-79.

三、电子文献

[1] 联合国教科文组织.1966年国际劳工组织/教科文组织《关于教师地位的建议》[EB/OL].(2008-10-02)[2021-01-12].https://unesdoc.unesco.org/ark:/48223/pf0000160495_chi.page=19.

[2] 联合国教科文组织.2019年世界教师日:联合国教科文组织会议聚焦教师行业未来[EB/OL].(2019-10-02)[2021-01-12].https://zh.unesco.org/news/2019nian-shi-jie-jiao-shi-ri-lian-he-guo-jiao-ke-wen-zu-zhi-hui-yi-ju-jiao-jiao-shi-xing-ye-wei.

[3] 联合国教科文组织.世界教师日[EB/OL].(2020-10-02)[2021-01-12].https://zh.unesco.org/commemorations/worldteachersday.

[4] 央视网. 打破一考定终身 学生考试可多次选择[EB/OL]. (2013-11-17)[2021-01-12]. http://news.cntv.cn/2013/11/17/ARTI1384649097466317.shtml.

[5] 人民网. 坚定我们的文化自信[EB/OL]. (2018-10-27)[2021-01-12]. http://theory.people.com.cn/n1/2018/1027/c409499-30366342.html.

[6] 田艳阳. 独立学院专业英语教师专业化发展的调查研究[D/OL]. 桂林：广西师范大学, 2017. [2020-01-13]. https://kreader.cnki.net/Kreader/CatalogViewPage.aspx?dbCode=cdmd&filename=1018012957.nh&tablename=CMFD201802&compose=&first=1&uid=.

[7] 中国社会科学网. 风险社会的特征、危害及其应对[EB/OL]. (2017-02-23)[2021-01-13]. http://m.cssn.cn/fxx/fxgdxw/201702/t20170223_3427090.shtml.

[8] 新华网. 立德树人, 习近平这样阐释教育的根本任务[EB/OL]. (2019-03-18)[2021-01-12]. http://www.xinhuanet.com/politics/xxjxs/2019-03-18/c_1124247058.htm.

[9] 豆丁网. 普通高中英语课程标准（2017年版）[EB/OL]. (2018-11-30)[2021-01-12]. https://www.docin.com/p-2153978407.html.

[10] 中华人民共和国中央人民政府官网. 中华人民共和国教师法[EB/OL]. (2005-05-25)[2021-01-12]. http://www.gov.cn/banshi/2005-05/25/content_937.htm.

[11] 中华人民共和国中央人民政府官网. 教育部关于大力加强中小学教师培训工作的意见[EB/OL]. (2011-01-04)[2021-01-13]. http://www.gov.cn/gongbao/content/2011/content_1907089.htm.

[12] 中华人民共和国中央人民政府官网. 中共中央 国务院 关于全面深化新时代教师队伍建设改革的意见[EB/OL]. (2018-01-31)[2021-01-17]. http://www.gov.cn/xinwen/2018-01/31/content_5262659.htm.

[13] 中华人民共和国中央人民政府官网. 全国科学技术大会召开在即：为创新型国家奠基[EB/OL]. (2006-01-08)[2021-01-17]. http://www.gov.cn/govweb/jrzg/2006-01/08/content_151234.htm.

与本书配套的二维码资源使用说明

本书部分课程及与纸质教材配套数字资源以二维码链接的形式呈现。使用手机微信扫码成功后提示微信登录,授权后进入注册页面,填写注册信息。按照提示输入手机号码,点击获取手机验证码,稍等片刻收到4位数的验证码短信,在提示处输入验证码成功,再设置密码,选择相应专业,点击"立即注册",注册成功。(若手机已经注册,则在"注册"界面底部选择"已有账号? 立即注册",进入"账号绑定"页面,直接输入手机号和密码登录。)接着输入学习码,需刮开教材封面防伪涂层,输入13位学习码(正版图书拥有的一次性使用学习码),输入正确后提示绑定成功,即可查看二维码数字资源。手机第一次登录查看资源成功以后,再次使用二维码资源时,只需在微信端扫码即可登录进入查看。